CW01214729

Vous êtes fous d'avaler ça !

Christophe Brusset

# Vous êtes fous d'avaler ça !

## Un industriel
## de l'agroalimentaire dénonce

Flammarion

© Flammarion, 2015
ISBN : 978-2-0813-6310-6

Ne perds jamais de vue que le bon beurre est la base de la bonne cuisine, et souviens-toi que faire le malin est le propre de tout imbécile.

*La Philosophie
de Georges Courteline*, 1922.

## Prologue

## Consommateurs, c'est vous qui avez le pouvoir !

Pendant près de vingt ans, j'ai été employé par de grandes entreprises du monde de l'agroalimentaire très connues, toutes bardées de certifications et de labels de qualité, mais dont l'éthique n'était qu'une façade. Pour ces sociétés, la nourriture n'a rien de noble, il s'agit uniquement d'un business, un moyen de gagner de l'argent, toujours plus d'argent. Elles pourraient tout aussi bien, ou tout aussi mal, fabriquer des pneus ou des ordinateurs. Ces années ont été difficiles tant ma vision idéalisée de la nourriture s'accordait mal avec la réalité que je vivais. J'aurais voulu acheter les meilleurs ingrédients et que mon entreprise fabrique des produits dont je pouvais être fier, que je puisse les consommer moi-même avec gourmandise ou les faire manger à mes enfants avec une totale confiance. J'aurais voulu nourrir le monde avec des plats industriels, certes, mais aux recettes saines, aux formules nutritionnelles équilibrées. On en était bien loin, dans les discours comme dans les actes, mais il fallait bien faire vivre ma famille... Et, parfois, je me disais que se poser trop de questions, auxquelles mon travail apportait seulement des

*Vous êtes fous d'avaler ça !*

mauvaises réponses, ne faisait que rendre les choses plus difficiles.

Pourtant, certaines questions méritent qu'on s'y attarde. Savez-vous manger ? Vous êtes-vous déjà interrogés sur la place de la nourriture dans votre vie ? Sur ce qui est bon ? Sur ce que « manger sain » signifie ? Est-ce si important ? Pour nous ? Pour nos enfants ? Autant de questions fondamentales que peu d'entre nous se posent sérieusement, et dont encore moins connaissent les vraies réponses.

On est ce que l'on mange, au sens propre. Nos aliments ne sont rien de moins que les matériaux de construction de notre corps. Et vous conviendrez que pour qu'une construction dure cent ans, il faut choisir les meilleurs. Vous conviendrez aussi qu'on peut difficilement avoir un corps d'athlète en ne se nourrissant que de soda, de burgers et de frites.

Bien se nourrir, c'est aussi, dans une certaine mesure, se soigner. Voilà une vérité connue depuis la nuit des temps. Dès l'Antiquité, Hippocrate affirmait : « Que ta nourriture soit ta médecine, et ta médecine, ta nourriture. » Plus proche de nous, le docteur Linus Pauling, Prix Nobel de chimie en 1954, martelait qu'« une alimentation optimale est la médecine de demain ».

Jamais la nourriture n'a été aussi abondante et bon marché. Selon les chiffres de l'Insee[1], nous

---

1. Voir également l'excellente analyse faite à ce sujet par FranceAgriMer dans leur numéro des « Synthèses de France-AgriMer » de septembre 2014 : http://www.franceagrimer.fr.

*Prologue*

dépensons en moyenne aujourd'hui à peine plus de 15 % de notre revenu pour notre alimentation, soit moitié moins que dans les années 1950. Notre planète nourrit sept milliards d'hommes, et nous serons dix milliards en 2050. La faim et la malnutrition ne sont plus les fléaux qu'ils furent dans les siècles passés et pourraient même être totalement éradiqués avec une distribution optimale des ressources alimentaires disponibles.

Cependant, ces progrès ne sont pas sans contrepartie. L'utilisation à forte dose de molécules chimiques (pesticides, fongicides, et autres traitements agricoles, antibiotiques promoteurs de croissance et hormones de synthèse pour le bétail, additifs alimentaires...) pollue l'environnement et empoisonne travailleurs et consommateurs. De gigantesques surfaces en monoculture (oliviers en Espagne, palmiers à huile en Malaisie, ou amandiers en Californie) détruisent les écosystèmes et réduisent la biodiversité.

La standardisation des goûts et la malbouffe sont responsables d'une véritable épidémie mondiale de maladies cardiaques, de cancers, d'obésité, de diabètes et d'allergies. Le nombre de personnes en surpoids dans le monde[1] a explosé, passant de 850 millions en 1980 à plus de deux milliards en 2013, soit pratiquement le tiers de la population mondiale. Entre trois et quatre millions de personnes sont mortes sur la planète, pour la seule année 2010, en raison de complications liées à l'obésité, et ce chiffre

---

1. *Étude exhaustive des causes de mortalité dans 188 pays (sur 197 reconnus par l'ONU), publiée par la revue médicale américaine* The Lancet *en mai 2013, et dirigée par Christopher Murray, directeur de l'*Institute for Health Metrics and Evaluation *à l'Université de Washington.*

ne fait qu'augmenter. Aujourd'hui plus de gens meurent de trop et mal manger que de ne pas assez manger !

Ajoutez à cela les excès du capitalisme, qui poussent à produire toujours plus pour toujours moins cher dans une course effrénée aux profits à court terme et qui ont mené à de retentissants scandales alimentaires partout à travers le monde.

Bien entendu, la fraude existe depuis la nuit des temps. Les Grecs et les Romains étaient confrontés à du vin, de la farine, ou à de l'huile d'olive trafiqués. En 1820, le chimiste allemand Friedrich Accum publia à Londres un *Traité sur la nourriture frelatée* dans lequel il décrivait les fraudes les plus répandues à Londres à l'aube de la révolution industrielle ; poudre de pois séchés mélangée au café, huile d'olive contenant de fortes teneurs en plomb, bonbons colorés aux oxydes de cuivre, vinaigre mélangé à de l'acide sulfurique pour en augmenter l'acidité...

Il dénonça surtout, analyses à l'appui, ceux qui s'adonnaient à une fraude alors très répandue et qui consistait à remplacer le houblon par de la strychnine ou de l'acide picrique dans la bière, pratique responsable chaque année de nombreux décès.

Accum, lanceur d'alerte avant l'heure, se fit tellement d'ennemis en dénonçant ces arnaques qu'il fut contraint de quitter l'Angleterre. Pourtant, comme Machiavel, dont Rousseau disait qu'il était « un honnête homme et un bon citoyen qui a donné de grandes leçons aux peuples », Accum a rendu un immense service aux consommateurs de son temps. En dévoilant comment de véritables poisons pou-

*Prologue*

vaient se trouver dans leurs assiettes, ou leurs verres, et lesquels, il leur a permis de se protéger et a contribué à réduire ces pratiques.

On pourrait penser que, depuis 1820, les choses se sont améliorées, que nous avons eu tout le temps et les moyens pour éradiquer les fraudes alimentaires. La population est aujourd'hui mieux éduquée, mieux informée, les analyses sont plus fines, les services sanitaires bien installés, les normes d'hygiène et de traçabilité établies. Pourtant l'actualité montre que les fraudeurs sévissent toujours, souvent avec un temps d'avance, et que les contrôles, quand ils existent, sont beaucoup trop légers.

Si les bonnes mesures, souvent très simples, avaient été prises, un scandale comme celui de la viande de cheval n'aurait pas pu avoir lieu. Il prouve que l'on ne peut avoir confiance ni dans les marques internationales les plus connues, ni même dans les services sanitaires des États les plus avancés, censés protéger les populations. C'est avant tout une crise de confiance générale. Et c'est bien pour cette raison que ce scandale, même si aucun mort ni même blessé n'est à déplorer, a eu un retentissement aussi gigantesque.

Qui croire maintenant ? Qui dit vrai si les listes d'ingrédients mentent et que les contrôles les plus élémentaires ne sont pas faits ?

Aujourd'hui, modestement, mais comme Friedrich Accum avant moi, je veux être utile au plus grand nombre, à tous les consommateurs délibérément tenus dans l'ignorance et l'illusion. C'est la raison

*Vous êtes fous d'avaler ça !*

pour laquelle, avec ce livre, j'ai décidé de briser la loi du silence et de lever le voile sur les dérives de l'industrie agroalimentaire. En m'appuyant sur toutes ces années d'expérience durement acquise, en révélant des pratiques frauduleuses et en œuvrant de la sorte pour la santé de tous, je n'ai que le sentiment de faire mon devoir. Ce n'est pas le scandale que je cherche en dévoilant ces fraudes mais véritablement l'intérêt général, le vôtre, le mien, celui de nos enfants, celui des générations futures[1].

Je vais donc tout vous raconter pour vous permettre, à vous simples consommateurs, d'éviter les pièges qui vous sont tendus et, pourquoi pas (rêvons deux minutes), faire cesser ou, du moins, limiter ces pratiques douteuses. Vous informer, vous éduquer car, il faut bien en avoir conscience et ne pas l'oublier, *in fine*, c'est vous qui avez le pouvoir de changer les choses en achetant ou en décidant de ne pas acheter ; voilà mon but et l'objet de ce livre.

N'achetez plus les yeux fermés, exigez que les politiques, les associations de consommateurs et l'industrie s'engagent vraiment sur des normes de qualité et de probité, soyez vigilants, méfiants, cherchez l'information cachée et partagez-la[2]. Utilisez les réseaux sociaux pour faire pression et exiger une ali-

---

1. À ce propos, j'ai volontairement – et par souci de confidentialité – mélangé les expériences vécues dans certaines des entreprises avec lesquelles j'ai collaboré depuis vingt ans. J'ai également rebaptisé toutes ces sociétés du même nom générique de « la Boîte ».
2. Lire à ce propos, l'épilogue « Petit guide de survie en magasin » page 245

## Prologue

mentation de qualité. Battez-vous pour l'interdiction totale dans votre nourriture des molécules artificielles, sans aucun intérêt nutritionnel, qui vous empoisonnent insidieusement et sont une source majeure d'allergies, de troubles comportementaux et autres désordres plus graves sur le long terme.

Prenez votre alimentation en main, mangez sain et puissiez-vous vivre longtemps en bonne santé.

# 1
# Bienvenue dans le monde merveilleux de l'agroalimentaire

L'industrie agroalimentaire est mon quotidien. J'y travaille depuis plus de vingt ans. J'y ai occupé différents postes : ingénieur, acheteur, trader, directeur des achats ; dans des PME ou de grands groupes. En France et à l'international. J'ai fait plusieurs fois le tour du monde et visité des centaines d'usines. J'ai été témoin, et parfois acteur, de certaines pratiques dont on ne fait généralement pas la promotion.

Je ne veux certainement pas jeter l'opprobre sur le monde de l'agroalimentaire dans son ensemble car, fort heureusement, les entreprises dans leur grande majorité sont soucieuses de bien faire. Je ne veux pas non plus accuser telle ou telle société en particulier. Beaucoup dérivent car elles sont acculées par les lois du marché et de la concurrence et se laissent aller à des « solutions de facilité » qu'elles pensent provisoires.

Dans les bureaux et les usines de l'agroalimentaire, on rencontre autant que partout ailleurs des gens aigris, exerçant un métier « alimentaire » qu'ils n'ont pas vraiment choisi. Ballottés par les hasards de la vie, échoués là, et finalement résignés faute de mieux, des contingents d'employés abattus comptent les heures et les jours qui les séparent du prochain week-end, des congés d'été sur une plage de sable fin ou, pour les plus chanceux, d'une retraite bien méritée, synonyme de libération définitive.

Ce n'est pas du tout mon cas. J'adore mon métier, mon bureau, mes collègues, et rien ne me détend davantage qu'un petit tour dans une de nos usines. J'aime traverser les ateliers bruyants où s'affairent les opérateurs en tenue de chirurgiens, déambuler dans les vastes entrepôts bourrés à craquer de palettes de produits finis parfaitement alignées, et sentir les odeurs d'épices ou de chocolat qui y flottent.

D'aussi loin que je me rappelle, j'ai toujours voulu travailler dans l'agroalimentaire. Les aventures d'Hansel et Gretel, de Charlie et sa chocolaterie ne sont certainement pas étrangers à ma vocation. Ainsi, poussé par une gourmandise métaphysique, ai-je très tôt choisi cette voie que, dans mes jeunes années, j'espérais glorieuse et naïvement pavée de sucreries, de pain d'épices ou, pour le moins, de reblochon fermier au lait cru, AOC bien entendu.

La France n'est-elle pas l'épicerie fine du monde, n'a-t-on pas la meilleure cuisine, les plus grands chefs et, cela va de soi, la plus fantastique industrie agroalimentaire de l'univers ?

Certes, comme tout le monde, j'ai bien ri des déboires de Louis de Funès dans *L'Aile ou la Cuisse*, mais tout cela n'était que du cinéma, n'est-ce pas ? Une parodie à mille lieues de la réalité. La malfai-

*Bienvenue dans le monde merveilleux...*

sante multinationale de l'agroalimentaire, « Tricatel » n'existe pas en vrai...

Tout jeune, j'observais avec admiration le travail de mon grand-père, modeste viticulteur en Provence, qui m'initia à la production du raisin et à la fabrication du vin. Pendant les vacances, mon oncle, petit homme replet au visage rougeaud et à la moustache hirsute (imaginez Staline, mais en version sympa et bon vivant), bouilleur de cru lorrain, me laissait surveiller l'alambic qui transformait les moûts de poires williams et de prunes mirabelles en gouttes transparentes. J'étais fasciné par leurs outils, pressoirs, tonneaux ou alambics, et carrément bluffé par leur savoir, cette magie qui transformait un fruit banal en une essence limpide, un extrait d'arômes et de force.

À 14 ans, je passais mes vacances scolaires à récolter des fruits dans les vergers de Provence. À 16, je remplissais des caisses chez un expéditeur de fruits et légumes. Et, à partir de 18 ans, je payais mes études en contrôlant la qualité des livraisons de matières premières dans une conserverie de légumes.

Mes études ? Dans l'alimentaire bien sûr. Diplômé de la meilleure école d'ingénieurs agroalimentaire de France, rien de moins. Je peux vous faire, les yeux fermés et avec presque rien, du fromage aux fines herbes, de l'huile de pépin de raisin, du pâté de foie, du beurre, du vinaigre, des yaourts, du pain, du sucre raffiné, des soupes déshydratées, de la bisque de homard en boîte, du lait UHT, et bien plus encore, y a qu'à demander.

*Vous êtes fous d'avaler ça !*

Comme la direction d'usine ne me semblait pas un poste propice à mon épanouissement personnel, j'ai décroché un master de management et, après une série de six entretiens, divers tests graphologiques et pseudo-scientifiques, et moultes courbettes, obtenu un job d'acheteur-trader dans une grosse société de transformation et d'import-export... de produits alimentaires bien entendu.

Durant ces vingt ans passés dans ce milieu, j'ai acheté, vendu, et fait transformer toutes sortes de produits des industries agroalimentaires. Au sein de mes entreprise successives, j'ai gentiment grimpé les échelons jusqu'aux comités de direction, bien gagné ma vie, et je n'aurais sans doute jamais rien écrit s'il n'y avait eu cette histoire navrante du cheval qui se prenait pour un bœuf, et qui a fait tant de bruit. Car, en effet, la viande de cheval c'est très bon, très sain. Alors, dans cette affaire où donc est le mal ? Et pourquoi pousser de grands cris d'orfraie aujourd'hui ?

Parce que ce n'est pas la première fois (et certainement par la dernière) que ce genre de triche se produit, et la précédente n'avait pas, à l'époque, suscité autant de réactions. Mais si, souvenez-vous, en 2001, le magazine *Capital* avait fait analyser des raviolis Leader Price à la « viande de porc et au bœuf braisé ».

Résultats ? Les fameux raviolis ne contenaient aucun ADN de porc, ni de bœuf, mais des morceaux de cartilage, des bouts de glandes salivaires et des résidus de tissu rénal de... carcasses de dinde ! Pas de porc, pas de bœuf, ni braisé, ni même bouilli ou roulé dans la farine.

*Bienvenue dans le monde merveilleux...*

Vous voyez bien que l'histoire se répète. Et, d'ailleurs, comment pouvait-il en être autrement alors qu'aucun contrôle sérieux n'avait été mis en place par les autorités après 2001 ?

Cette affaire du cheval m'a donné l'occasion de réfléchir, de prendre le recul nécessaire. Elle a été le véritable élément déclencheur de l'écriture de ce livre. Son énorme retentissement révélait que l'état d'esprit des consommateurs avait évolué depuis 2001, et bien plus vite que celui des professionnels (industriels et distributeurs) et des autorités. Qu'il y ait des victimes ou non importait peu, les consommateurs voulaient dorénavant connaître toute la vérité, et que des mesures soient prises pour leur garantir une alimentation saine et de qualité. J'ai compris que vous étiez prêts pour entendre les révélations que j'avais à vous faire.

J'ai toujours été un fidèle et obéissant employé des sociétés pour lesquelles j'ai travaillé. Et, si j'ai commis quelques erreurs, on dit aujourd'hui « fautes morales », je pense cependant être finalement moins coupable que l'inspecteur des fraudes qui ferme les yeux sur ordre, les molles associations de consommateurs, ou les politiciens plus enclins à étouffer un scandale qu'à prendre des mesures pour l'éviter.

L'ignorance crasse du consommateur et un vague sentiment nauséeux concernant certaines pratiques malsaines de l'industrie et du commerce, bien plus répandues qu'on ne l'imagine, me poussent à lever un pan du voile qui dissimule ces sales petits secrets. De cette manière, heureux lecteurs, vous ne serez

*Vous êtes fous d'avaler ça !*

pas surpris par les prochains scandales alimentaires qui ne manqueront pas d'arriver.

Bienvenue du côté sombre de l'industrie agro-alimentaire. Mais accrochez-vous, ça ne sent pas toujours bon dans les cuisines du diable.

# 2
# Le péril jaune !

Il n'est pas question pour moi de stigmatiser, ici, ni de désigner un pays plutôt qu'un autre comme le plus grand tricheur de la planète. Pourtant, il faut reconnaître que la course au développement, au moins pour satisfaire les besoins essentiels d'une population qui dans sa majorité manque encore de beaucoup, additionnée à la découverte du profit, a fait de la Chine le paradis de la corruption et de son corollaire, la fraude. Les exemples pullulent et le florilège qui suit n'est qu'un infime aperçu de la partie émergée de l'iceberg. Les autorités de Pékin essaient d'y mettre bon ordre mais il leur faudra beaucoup de temps pour y parvenir. Et la mondialisation nous oblige à rester vigilants.

Septembre 2008, éclate en Chine l'énorme scandale du lait contaminé à la mélamine, ou cyanuramide, un des principaux constituants du Formica. Cette substance chimique toxique, riche en azote, a été ajoutée frauduleusement au lait pour augmenter artificiellement le taux de protéines qui est classiquement estimé en mesurant la quantité d'azote présent dans le produit. Les fraudeurs font ainsi paraître le produit plus riche et de meilleure qualité qu'il ne l'est en réalité.

Or l'ingestion de mélamine provoque la formation de calculs à l'origine de douloureux problèmes rénaux et urinaires chez l'humain et les animaux pouvant aller, chez les sujets fragiles comme les jeunes enfants, jusqu'à des insuffisances rénales sévères, voire la nécrose de l'organe et la mort du sujet.

L'ampleur de la fraude est telle que la plus grande partie du lait de consommation courante, liquide ou en poudre, est contaminée, ainsi que les produits élaborés qui en contiennent comme le yaourt, le fromage, le chocolat, les biscuits ou les bonbons au caramel.

Malheureusement, le lait maternisé n'est pas épargné et, partout dans le pays, des enfants tombent malade ; officiellement plus de 300 000, dont 52 000 sont hospitalisés, et au moins six trouvent la mort. La censure ayant joué à plein, le nombre des victimes est en réalité beaucoup plus élevé, et ces chiffres peuvent facilement être doublés.

Après enquête officielle, les consommateurs chinois découvrent avec stupeur que vingt-deux des plus grandes firmes agroalimentaires du pays s'adonnent à ce trafic qui durait depuis des années. Les officiels directement impliqués, par négligence ou par corruption, furent poussés à la démission, et il y eut quarante-deux arrestations. Fin décembre 2008, dix-sept industriels passèrent en jugement et le 22 janvier 2009, deux d'entre eux furent condamnés à mort. Ils ont été exécutés le 24 novembre 2009. Les autres accusés furent condamnés à des peines d'emprisonnement allant de cinq ans à la perpétuité.

*Le péril jaune !*

Dans ce pays où, pour endiguer l'explosion démographique, le régime totalitaire chinois a imposé à sa population un enfant unique par couple, les enfants sont particulièrement chéris et protégés. Ce drame a traumatisé l'ensemble de la population.

Le lait en poudre maternisé importé, devenu produit de luxe du jour au lendemain, est, encore aujourd'hui, l'objet d'une vaste contrebande. Le 1$^{er}$ mars 2013, Hong Kong a même été contraint d'imposer des quotas aux acheteurs chinois non résidents. Il leur est désormais interdit de quitter le pays avec plus de deux boîtes par personne sous peine d'une amende pouvant aller jusqu'à l'équivalent de 50 000 euros et deux ans d'emprisonnement.

Cela bien que, selon les statistiques officielles des douanes chinoises, les importations vers la Chine de lait infantile en poudre d'Australie et de Nouvelle-Zélande aient été multipliées par six depuis la crise.

Même chose pour le lait standard. La perte totale de confiance du consommateur chinois dans leur production nationale a provoqué une véritable explosion des importations. Ainsi, sur la période de 2007 à 2014, pour le lait sous forme liquide, les importations sont passées de 4 800 tonnes à plus de 300 000 tonnes et, pour le lait en poudre, de moins de 200 000 à plus d'un million de tonnes.

Désormais, les consommateurs chinois, de mieux en mieux informés grâce notamment aux réseaux sociaux, ont perdu confiance dans leur production locale. Le gouvernement, qui s'était engagé à faire le ménage et à assurer la « sécurité alimentaire », a

*Vous êtes fous d'avaler ça !*

échoué, discrédité par les scandales à répétition dont les plus récents sont :
— Avril 2011 : près de 300 000 petits pains « jaunis » par ajout d'une peinture toxique pour simuler la présence de maïs dans la recette ont été écoulés dans les supermarchés de Shanghai. L'industriel indélicat n'hésitait pas à remettre en vente des pains périmés reconditionnés.
— Septembre 2011 : scandale de ce qui a été appelé « l'huile de caniveau ». Des dizaines d'arrestations très médiatisées pour vente d'huile de friture frelatée. Des eaux grasses, des résidus d'huiles et autres matières grasses usagées étaient récupérés dans les restaurants, et jusque dans les égouts, avant d'être recyclés comme huile de table. Il avait été estimé alors que cela représentait jusqu'à 10 % de toute l'huile consommée dans le pays.
— Novembre 2011 : une centaine de personnes condamnées, dont une peine capitale, pour un vaste trafic de porcs traités au clenbutérol, un anabolisant cancérigène qui a également des effets cardiovasculaires et neurologiques graves.
— Mai 2012 : affaire des maraîchers des régions du Shandong et du Hebei, dans l'est de la Chine, qui traitaient leurs choux au formol cancérigène pour en améliorer la conservation. Après tout, cela fonctionne pour les cadavres...
— Mars 2013 : région de Shanghai. À la suite du démantèlement d'une « mafia du porc », qui écoulait comme de la viande comestible les animaux morts de maladies, plus de 15 000 carcasses de porcs sont retrouvées flottantes dans le fleuve qui traverse Shanghai. Les autorités assurent bien entendu qu'il n'y a aucune incidence sur la qualité de l'eau, et

## Le péril jaune !

aucun coupable n'est identifié. Circulez, y a rien à voir.

– Mai 2013 : régions du Jiangsu, à l'Est, et de Guizhou, au Sud. De la viande de rat ou de renard est vendue comme du bœuf ou du mouton, le ministère de la Santé publique annonce que « 904 suspects ont été arrêtés, plus de 20 000 tonnes de produits carnés frauduleux ou de qualité inférieure » ont été saisies dans 382 affaires différentes.

– Janvier 2014 : Walmart, première chaîne de supermarché au monde, a dû, dans certains de ses magasins chinois, retirer des rayons de la viande d'âne, très consommée en Chine, car elle contenait du renard. Déjà, en octobre 2011, le plus haut responsable de Walmart en Chine avait démissionné après un premier scandale concernant de la viande de porc faussement labellisée « bio ».

– Juillet 2014 : une usine de Shanghai, filiale du groupe américain OSI, qui fabriquait des nuggets de poulet, steaks et boulettes de bœuf pour McDonald's, KFC et autres grands noms du fast-food est fermée pour avoir recyclé de la viande périmée en la mélangeant avec de la viande fraîche.

– Novembre 2014 : scandale dit du « Tofu toxique ». Une centaine de tonnes de tofu contenant un agent blanchissant cancérigène interdit, la Rongalite (sulfoxylate formaldéhyde), ont été écoulées dans les régions du Shandong, Henan et Jianxi.

– Décembre 2014 : une enquête de la télévision publique CCTV sur le commerce de viande de porc avariée, contaminée par « un virus très contagieux » non précisé, aboutit à l'arrestation de douze suspects, la destitution de huit hauts fonctionnaires,

*Vous êtes fous d'avaler ça !*

ainsi que la destruction d'un abattoir illégal et la fermeture d'un second.

Déjà malmenées par l'ère communiste et la disparition d'une certaine élite intellectuelle chinoise, l'éthique et la morale ont ensuite subi les effets du passage précipité à l'économie de marché : une course folle à la réussite matérielle et à l'enrichissement devenue sport national où trop souvent la fin justifie les moyens, même les moins avouables.

Certains industriels chinois sont prêts à tout pour faire de l'argent rapidement et, pour l'instant, la corruption généralisée, les mauvais contrôles et une réglementation laxiste n'ont pas permis aux autorités d'éradiquer ces pratiques, loin s'en faut.

Si vous pensez que tout cela est bien triste pour les consommateurs chinois, mais que cela ne vous concerne pas, vous avez tort.

D'innombrables produits alimentaires chinois sont exportés partout à travers le monde, y compris vers l'Europe. Ainsi, près de 5 milliards d'euros de produits alimentaires chinois ont été importés en Europe pour la seule année 2013.

Au printemps 2007 de la mélamine en grande quantité, déjà, avait été retrouvée aux États-Unis dans des aliments pour animaux domestiques « made in China ». Cette fraude aurait provoqué la mort de plus de 8 500 animaux, essentiellement des chiens et des chats.

Fin 2008, de fortes doses de mélamine sont à nouveau retrouvées dans 300 tonnes de tourteaux de

*Le péril jaune !*

soja importés par la coopérative Terrena à Ancenis (Loire-Atlantique) et vendus dans 11 départements français.

Fin 2008 toujours, de la mélamine est retrouvée dans des produits alimentaires destinés aux humains, et fabriqués à partir de lait contaminé. En Allemagne tout d'abord, à Stuttgart, dans des confiseries de la marque White Rabbit, mais aussi dans des biscuits de la marque Koala, distribués dans toute la Belgique et en France.

Et encore, par manque de moyens, mais surtout de réelle volonté politique et par désir de ne pas froisser ce partenaire tellement susceptible, seule une infime partie des produits alimentaires importés de Chine ont été contrôlés pour savoir s'ils contenaient ou non cette fameuse substance. Mais ayez bien conscience que le scandale de la mélamine ne représente qu'une infime partie des fraudes en Chine. Nous aurons l'occasion de parler plus en détail d'autres produits alimentaires fabriqués dans ce pays et importés en masse en Europe, des produits que je connais bien pour en avoir moi-même acheté des années durant, des centaines de containers, je ne sais combien de milliers de tonnes.

Et ce phénomène inquiétant des fraudes en Chine ne concerne pas seulement les produits alimentaires, loin de là. Le 23 mars 2015, RTL et l'AFP diffusaient une mise en garde de la Commission européenne à l'intention des consommateurs de l'Union européenne contre les produits importés de Chine, représentant à eux seuls 64 % des 2 435 produits dangereux répertoriés par le système d'alerte RAPEX en 2014. « Je suis surprise par le nombre de produits dangereux provenant de Chine », a déclaré la commissaire à la Justice, responsable des droits des consommateurs, Vera Jourova. « La situation ne s'améliore pas », a-t-elle déploré, soulignant que le nombre de produits dangereux fabriqués en Chine signalés en 2014 était équivalent à celui de 2013.

Chère Vera, je vous souhaite la bienvenue dans le monde réel. Que la sieste a été longue. Ne découvrir qu'aujourd'hui la menace des produits chinois de mauvaise qualité, ce que tous les professionnels travaillant avec la Chine savent depuis vingt ou trente ans…

Mais restons dans le domaine qui nous intéresse, les fraudes alimentaires. De par leur ampleur et leurs conséquences extrêmes, si la Chine est un cas à part, il faut bien savoir qu'elle n'en a cependant pas le monopole. Piment contenant du colorant toxique en Inde, paprika ionisé d'Afrique du Sud, miel de Turquie contenant du sucre industriel liquide, les exemples venant de pays « exotiques » ne manquent pas.

Et, sachons balayer devant notre porte, le scandale alimentaire que tout le monde a en tête aujourd'hui en Europe, depuis 2013, c'est « l'affaire Findus », la viande de cheval substituée à celle de bœuf dans des plats de lasagnes. Nous y reviendrons plus loin mais une des leçons de ce scandale nous prouve que nous ne sommes pas non plus à l'abri de fraudes savamment orchestrées par des entreprises bien de chez nous. Et ces entreprises, je les connais sur le bout du doigt.

# 3

# Berner le con... sommateur

La Boîte avait une mentalité particulière, différente de ce qu'on apprend à l'école, avec ses valeurs propres, et sa vision bien à elle du Bien et du Mal. En l'occurrence, le Bien c'était tout ce qui permet plus de profit, le Mal c'était perdre de l'argent. Le mensonge, la dissimulation, la mauvaise foi, ou même la tricherie, sans être un but en soi, c'était positif si ça améliorait le compte de résultats. L'adage « la fin justifie les moyens » ne pouvait pas être mieux illustré.

Nous connaissions parfaitement toutes les failles du système, cherchant systématiquement comment les exploiter au mieux à notre bénéfice. La version industrielle de la fameuse optimisation fiscale. On mentait tout le temps, à nos clients bien sûr, en leur inventant de belles histoires, aux fournisseurs évidemment, aux douanes et autres organismes de l'État ensuite, mentant sur la qualité des produits, tout comme sur les origines. Enfin j'exagère un peu car les gens du milieu n'étaient pas totalement dupes et ils connaissaient aussi bien que nous les subtilités du système.

Et il faut que vous sachiez que, dans bien des cas, c'est trop facile car le mensonge est légalement

*Vous êtes fous d'avaler ça !*

organisé. Que vous le vouliez ou non, on vous pousse à franchir la ligne rouge.

Vous aimez les escargots de Bourgogne ? Et les cèpes de Bordeaux ? Et la moutarde de Dijon ? Et les herbes de Provence ?

Tous ces produits, je les ai achetés et vendus des années durant, je les connais très bien. Ce que le client ne sait probablement pas, c'est que tous ces bons produits, que l'industrie agroalimentaire vend avec la complicité des supermarchés où vous faites vos courses le week-end, ne viennent pas de Bourgogne, de Gironde, ou de Provence, ils ne sont même pas français pour la plupart. Le jeu consiste à le faire croire pour inspirer confiance, et vendre plus cher un produit d'importation ainsi « naturalisé ».

J'ai acheté des bateaux complets de graines de moutarde d'Inde, du Canada ou d'Australie pour fabriquer des milliers de tonnes de « moutarde de Dijon » en Allemagne ou en Hollande, bien loin de la capitale des ducs de Bourgogne.

Et les « herbes de Provence » pour vos grillades ? De Provence ? Mais pas du tout ! Pourquoi voudriez-vous ? Thym du Maroc ou d'Albanie, basilic et marjolaine d'Égypte, et romarin de Tunisie, tout cela étant bien sûr beaucoup moins cher que les produits hexagonaux équivalents.

Les escargots de Bourgogne ? Non, de Russie, Lituanie, Pologne, ou d'un autre pays de l'Est, vous savez, Tchernobyl et ses environs. D'autres espèces comestibles viennent de Turquie, et certaines même, pour les plus insipides et indigestes (achatines), qui n'ont même pas droit à l'appellation « escargot », arrivent en blocs congelés d'Indonésie ou d'ailleurs en Asie du Sud-Est.

Bien entendu, la bestiole est travaillée dans le pays d'origine selon les méthodes locales avant d'arriver dans vos assiettes ou le restaurant d'à côté. Subtilité ultime, il est tout à fait légal d'étiqueter « Escargots de Bourgogne travaillés en France » sur l'emballage, si la toute dernière étape, qui consiste à mettre un peu de beurre persillé dans la coquille, est faite en France.

Je me rappelle avec émotion ma première visite d'une usine de transformation d'escargots, en Turquie. C'était à la fin de l'été et la température était caniculaire. Après un court et agréable trajet à bord d'un bateau rapide parti d'Istanbul, nous avons pénétré dans la banlieue industrielle de la ville portuaire de Bandirma, amas de bâtiments laids et sans intérêt dans le superbe golfe de Cyzique.

J'ai senti l'usine bien avant de la voir. Dans une vaste cour bétonnée, des dizaines de tas de coquilles d'escargots vides de plus de trois mètres de hauteur s'alignaient comme d'immenses termitières. Des myriades d'insectes volants, satellisés en orbite des monticules, s'activaient dans un vrombissement continu. À la base des tas, un épais jus noir couvert de mouches se répandait en flaques aux bords séchés, craquelés, sur le sol de béton brûlant. Je respirais par la bouche pour que l'air chargé d'odeurs putrides ne passe pas par mes narines. D'un peu plus près, je remarquai que certaines coquilles contenaient encore des morceaux d'intestin d'escargots avec des asticots tout mignons, d'un joli blanc, qui se tortillaient.

Les coquilles étaient ainsi naturellement nettoyées par le soleil et les insectes. Lorsqu'il n'y avait plus de déchets solides, on passait le tout dans un bain de soude caustique, un rinçage, et direction l'usine pour le garnissage. Bon appétit !

Aujourd'hui je ne mange plus d'escargots, ni de Bourgogne ni d'ailleurs.

Et les « cèpes de Bordeaux » ?

Ils viennent tout droit de Chine bien sûr, pour l'essentiel, un peu des pays de l'Est et quelquefois même d'Afrique du Sud.

Fantastique, non ? Et comment de tels miracles sont-ils possibles ?

Simple ; la législation européenne considère que « escargot de Bourgogne », petit nom du *Helix pomatia*, et « cèpe de Bordeaux », *Boletus edulis*, ne sont pas des indications d'origine géographique, mais des désignations communes d'espèces.

Je suis donc dans la plus parfaite légalité lorsque j'importe des lots de ces espèces produits dans des conditions d'hygiène à faire s'évanouir un agent de nos services sanitaires. Bien sûr, la qualité de ces marchandises est médiocre à tout point de vue, mais nos clients, industriels et grandes surfaces, sont ravis de proposer aux consommateurs du cèpe de Bordeaux bourré de vers chinois, au prix du haricot vert.

Pour ce qui est de la « moutarde de Dijon » ou des « herbes de Provence », c'est la recette qui compte cette fois. Les ingrédients peuvent venir de

*Berner le con... sommateur*

n'importe où, peu importe. Pareil pour le « camembert » ou le « brie » que l'Australie exporte en quantité dans le monde entier, en Asie aussi bien qu'en Russie, en passant par les États-Unis.

Bien entendu, « Transformé en France » ne veut pas du tout dire « Origine française », ben non ! Les réalités qui se cachent derrière ces formules confondantes sont très différentes. Un poulet « Origine France », comme un poulet de Bresse, c'est une vraie garantie. C'est un produit de qualité, élaboré dans le respect des normes sanitaires les plus draconiennes. Mais c'est cher à produire et les consommateurs sont plutôt radins.

Dans nos « cassoulets » en conserve « transformés en France », les manchons de poulet (en général de vieilles poules qui ont terminé leur vie de pondeuses) viennent du Brésil ou de Thaïlande, transportés dans de la saumure (pour éviter de payer des droits de douane sur les produits en conserve) par bateaux.

Comment sont élevés ces poulets ? Que mangent-ils ? Comment sont-ils soignés ? À quel âge sont-ils abattus ? Pourquoi l'Europe autorise-t-elle l'importation de viandes provenant de pays qui utilisent des antibiotiques et autres promoteurs de croissance chimiques interdits en Europe ? Nous, à la Boîte, on s'en fout, on ne mange jamais de cassoulets en conserve.

C'est trop facile de piéger le consommateur, et c'est légal en plus ! J'irais même jusqu'à soutenir qu'on y est incité.

Il faut dire aussi que le consommateur n'est pas raisonnable non plus, pour ne pas dire totalement crétin, ce qui rend les choses encore plus faciles. Il suffit de lui présenter, par exemple dans le cas d'un produit comme de la pâte à tartiner aux noisettes contenant essentiellement de l'huile et du sucre (obésité assurée), une publicité avec un verre de lait et des noisettes, ingrédients mineurs, pour lui faire croire que le produit est sain. Pourtant tout est clairement indiqué sur la liste d'ingrédients. La ménagère de moins de cinquante ans ne saurait-elle pas lire ?

Avec les yaourts, c'est pareil. Un pot de forme et de couleur sexy, un nom sympa, un arôme, du sucre, et hop, on vous fait croire que vous achetez une potion magique qui renforce vos défenses naturelles, fait pousser les cheveux, assure une peau lisse et brillante, rend intelligent, donne du charme, etc.

La plupart des consommateurs manquent d'esprit critique et se laissent si facilement berner. Ils ne sont pas éduqués à l'hygiène alimentaire de base et ne veulent pas vraiment s'instruire. Ils ne savent pas lire les listes d'ingrédients, et ne comprennent rien aux valeurs énergétiques et nutritionnelles. Trop facile, je vous dis !

Les associations de consommateurs censées veiller sur vous, tirer les sonnettes d'alarme, dénoncer, faire que les choses s'améliorent… ? Bonne question. Elles ne nous ont jamais créé de problèmes. Visiblement, elles ne cherchent pas beaucoup, trouvent rarement, et attaquent encore moins. Cependant, pour votre culture, sachez que c'est un peu différent chez nos voisins allemands. Eh oui, encore, c'est lassant je sais. Leurs associations de consommateurs, comme Foodwatch créée en 2002, mènent de vraies actions et sont bien plus efficaces que les nôtres pour

*Berner le con… sommateur*

obtenir le retrait de certains produits, faire changer les mauvaises pratiques, ou même la réglementation. Enfin, il est possible que les choses finissent par s'améliorer, car Foodwatch est présente en France depuis juillet 2013. Je vous engage fortement à les soutenir, dans votre propre intérêt (cette association n'accepte aucune subvention d'où qu'elle vienne, et fonctionne exclusivement grâce aux cotisations de ses membres).

Une fois de plus, il ne faut pas croire que l'entreprise qui m'employait est un cas rare et isolé. Certaines sociétés n'hésitent pas à aller encore plus loin et jouent sur un nom « terroir » pour aguicher le chaland. Achetez les chaussures (made in China) de la société « France Bidule » ou les fruits (du Chili ou d'Afrique du Sud) de « La Française de Boustifaille ». Bien que le nom évoque la France et la tradition, il ne s'agit que de produits importés de qualité très inférieure.

Illustration : un matin, je vois sur mon bureau un catalogue de la société « X France ». Cette société envoie des catalogues de coutellerie aux comités d'entreprise. Amateur de couteaux de qualité, je consulte la brochure avec curiosité. Dans ce catalogue figurent bien en évidence les mentions « savoir-faire », « artisanat », « fait main », « X France » dans un beau logo bleu, blanc, rouge. Je constate que les prix sont très raisonnables et les promotions nombreuses. Mais, en regardant les photos de plus près, je me rends vite compte que la qualité est visiblement largement en dessous d'une fabrication artisanale française comme à Laguiole ou à Nogent. Je scrute pointilleusement les mentions inscrites dans

*Vous êtes fous d'avaler ça !*

la brochure et ne trouve pas d'indication d'origine. Je consulte Internet pour trouver quelques éclaircissements.

À votre avis, où est la subtilité ? On vous fourgue simplement des couteaux chinois de basse qualité ! La mention de l'origine est « oubliée », en revanche les couleurs du drapeau français et les mentions valorisantes ne le sont pas. Ça vous la coupe ?

Question de point de vue, pour ma part, je dirais plutôt que c'est une manière subtile d'interpréter une législation floue, élaborée par des technocrates incompétents sous la pression des lobbyistes de l'industrie et de la grande distribution.

Mais, dans ce petit jeu des origines, la limite est quelquefois allègrement franchie. Comme ce producteur de conserves de champignons du sud-est de la France, qui a été condamné pour avoir indiqué « produit de France » sur des cartons de champignons… 100 % chinois.

L'idiot. Réaliser chez lui un « process industriel », si minime soit-il, lui aurait légalement permis de déclarer que ses champignons étaient « transformés en France ». Il lui aurait par exemple suffi de vider ses cartons de marchandise sur une table et de les remplir aussitôt en disant qu'il avait fait « un contrôle visuel », ou « un tri sélectif ». J'en sais quelque chose, nous avions notre propre ligne de « tri sélectif ».

Cela m'amène tout naturellement à vous décrire le profitable marché des truffes du Périgord de Chine sur lequel mon entreprise a sévi quelques années.

*Berner le con... sommateur*

Avant même mon arrivée, la Boîte avait ouvert un bureau d'achat en Chine pour être au plus près des zones de production des produits de m... euh, des produits pas chers.

L'aventurier qui gérait le bureau m'avait envoyé une liste de nouveaux produits que nous pouvions trader. L'un d'entre eux a immédiatement attiré l'attention de mon chef.

— Putain, de la truffe à 30 euros le kilo ! Faut absolument qu'on importe ça. On va se faire des couilles en or !

Je l'ai fugacement imaginé avec les testicules dorés, et me suis remis rapidement au travail pour chasser de mon esprit cette vision de cauchemar.

Trouver des clients pour de la truffe noire à 30 euros, alors que le prix de la truffe noire du Périgord, variété *Tuber melanosporum*, peut approcher les 1 000 euros, a été un jeu d'enfant. Le seul petit problème c'est que la truffe de Chine n'est pas de la même variété. C'est de la *Tuber indicum* (ou *sinense* ou *himalayense*, en fait on n'a jamais trop bien su, et pour tout dire tout le monde s'en fout).

Le veinage de la chair et la surface peuvent présenter de légères différences par rapport à la truffe noire européenne que, paraît-il, les spécialistes savent distinguer. Mais c'est surtout les spores qui permettent de les identifier sans ambiguïté. Nos clients nous ont donc naturellement demandé des truffes de Chine pas encore arrivées à maturité ; comprendre avec les spores pas encore formées, donc quasi impossibles à différencier des truffes européennes.

Nous avons alors importé de Chine des dizaines de tonnes de ces truffes, petites et sans goût, que

*Vous êtes fous d'avaler ça !*

nous vendions à des spécialistes de la truffe en France, surtout dans la région de Carpentras. Le produit que nous leur vendions était clairement désigné comme de la truffe de Chine, sans dissimulation aucune, vous pensez bien que ce n'est pas notre genre. Les factures et autres documents d'importation étaient en conformité avec la loi, l'origine et la variété véritables figuraient clairement. Nos clients savaient donc parfaitement ce qu'ils achetaient.

Ils revendaient ensuite ces truffes de Chine à une société leur appartenant, qui en Espagne, qui au Luxembourg, et en « oubliaient », par distraction sans doute, l'origine chinoise sur les documents lors du passage de la frontière. La dernière étape consistait à réexporter vers la France cette truffe noire devenue « *melanosporum* », et dorénavant originaire d'Espagne, voire d'Italie ou même de France suivant les souhaits de l'acheteur et les prix de marché. Je vous laisse calculer la marge réalisée.

Ces truffes sans saveur se retrouvent dans toutes sortes de pâtés, blocs de foie gras, et autres préparations truffées. Avec une bonne dose d'arôme artificiel de truffe ça passe très bien aux yeux et aux papilles de ceux qui n'y connaissent rien, c'est-à-dire pratiquement tout le monde.

Il n'est donc pas si bizarre que l'on ne retrouve que rarement la mention « truffe de Chine » sur les emballages des produits aux truffes. À croire que la truffe de Chine a une faculté bien à elle, celle de se volatiliser.

# 4

# Bon poids, mon œil

L'entreprise n'est pas un service social de l'État. Sa finalité n'est pas le bien-être de ses salariés ou la satisfaction de ses clients, mais le profit, ou encore la marge. Et, pour faire du profit, la recette n'est pas très compliquée : il suffit d'acheter, ou de fabriquer moins cher qu'on ne vend. La différence entre le coût d'achat, ou de revient, et le prix de vente, c'est la marge, et plus elle est importante, mieux c'est. Pas la peine de faire HEC si on a compris ça.

Malheureusement pour les professionnels de l'agroalimentaire, la tendance actuelle, et depuis plusieurs années d'ailleurs, n'est pas à la hausse des prix de vente. Leurs clients, les centrales d'achat de la grande distribution, se comptent sur les doigts d'une seule main, et sont en situation de quasi-monopole. Bien entendu, elles en abusent et refusent systématiquement toutes hausses de prix de leurs fournisseurs, même parfaitement justifiées, dues par exemple à des hausses de cours des matières premières, de l'énergie, ou simplement de l'inflation. Les producteurs de fruits et légumes du Sud-Est, ou de porc breton, en savent quelque chose.

*Vous êtes fous d'avaler ça !*

En revanche, la grande distribution, hyper et supermarchés réunis, ne se gêne pas, elle, pour gonfler discrètement ses marges, déjà généreuses. Rien de plus simple quand il n'existe pas de vraie concurrence. Pour réduire leurs coûts d'achat, il leur suffit de pressurer les industriels, surtout les petits qui n'ont pas les moyens de se défendre. Pour cela, ils ont inventé des systèmes ingénieux de facturation de prestations fictives (publicité, location d'espaces...), ils leur infligent également des pénalités sous les prétextes les plus futiles (comme pour livraison incomplète ou en retard alors que les délais et horaires de réception sont calculés volontairement trop justes et les commandes passées de manière irrégulière), ou encore ils leurs extorquent des marges arrière[1] exorbitantes sous la menace d'un déréférencement.

Côté prix de vente, c'est encore plus facile. Puisque, là encore, quelques enseignes se partagent le gâteau sans véritable concurrence, autant se servir directement dans la poche de clients captifs en augmentant régulièrement les prix, tous ensemble, comme un seul homme, tout en pointant du doigt bien entendu les méchants gros industriels. Souvenez-vous de la campagne orchestrée par un distributeur qui avait retiré de ses rayons les boîtes de « La Vache qui rit » et accolé des affiches dans ses magasins dénonçant « des hausses injustifiées ». Bien entendu

---

1. La marge arrière, pudiquement appelée « autre avantage financier » par la loi, est une ristourne imposée par le distributeur au fournisseur en contrepartie de la mise en avant de ses produits dans les magasins comme sur les prospectus. Si elles étaient de 0,5 % à la fin des années 2000, elles s'établissent aujourd'hui entre 12 et 30 %.

il invitait ses chers clients à acheter en lieu et place les sous-produits « équivalents » de sa sous-marque. L'industriel pouvait-il placer lui aussi ses affiches dans les magasins pour expliquer sa position ? Euh... non ! Le supermarché informait-il ses clients de la marge qu'il prenait sur « La Vache qui rit »...Euh... non plus !

La réalité étant ce qu'elle est, un producteur, aujourd'hui, ne peut pas augmenter ses prix. La seule solution qu'il lui reste pour survivre est donc de produire encore moins cher. Pour ce faire, dégrader la qualité était une possibilité largement pratiquée ces dernières années, mais qui a ses limites. Heureusement (pour lui), l'industriel malin a aussi la possibilité de jouer sur le poids net de ses produits et de vendre moins dans le même emballage pour le même prix, ce qui est en réalité une forme sournoise de hausse.

Avez-vous remarqué ces dernières années que les biscuits Prince ont perdu 10 % de leur poids ? Du jour au lendemain, le poids du paquet de 15 biscuits est passé de 330 à 300 grammes, alors que le prix du paquet, lui, n'a pas baissé. Pourtant les publicités n'en parlent pas, étrange, non ?

Ce régime draconien a impitoyablement été appliqué aux pots de crème dessert Danette en lots de 16 (mais pas en lots de 4, allez savoir pourquoi ?) qui ne pèsent plus que 115 grammes au lieu de 125, au pot de fromage frais Jockey qui est passé de 1 kilo à 850 grammes, à la vinaigrette à l'ancienne Amora qui ne fait plus que 450 millilitres au lieu de 500, aux boîtes de 20 sachets de thé au lieu de 25, à la poche en plastique de sucre en poudre qui contient 750 grammes au lieu du kilo des anciens sachets en papier, aux tablettes de chocolat de 150 grammes au lieu de 200, aux barres chocolatées plus courtes, aux tranches de jambon de plus en plus fines, aux paquets de riz riquiqui, etc., etc. et tout cela sans que ne change le prix de vente à l'unité, voire en l'augmentant quelquefois. L'alimentaire n'est pas le seul domaine concerné, vous vous en doutez. Cet étrange phénomène d'amaigrissement a frappé également les lessives, les produits cosmétiques, et bien d'autres catégories de marchandises.

Dans ma boîte, en vrais professionnels responsables, nous n'avons pas voulu rester en dehors du mouvement, ça n'aurait pas été malin. Quand un mouvement général est lancé, tôt ou tard, concurrence oblige, vous n'avez pas d'autre choix que de le suivre.

Une de nos usines, très spécialisée et à la pointe de l'automatisation, produisait des dosettes individuelles de moutarde, mayonnaise, ketchup et autres sauces. Chaque année, des centaines de millions d'unités de bûchettes, en papier ou en films plastique imprimés, et de coupelles en plastique ou en aluminium contenant chacune quelques grammes de produit, et que l'on trouve fréquemment dans la restauration.

Un de nos plus gros clients, un des leaders mondiaux du fast-food, menaçait de nous dégager si nous n'alignions pas nos prix sur ceux d'un concurrent belge, bien connu pour sa qualité médiocre mais aussi pour ses tarifs agressifs. L'enjeu était d'importance pour nous car plusieurs lignes de production de l'usine fonctionnaient vingt-quatre heures sur

*Bon poids, mon œil*

vingt-quatre, uniquement pour ce client. Nous avions investi des millions dans ces lignes ultra-modernes, toutes financées à crédit. Et, comme vous le savez, Grecs mis à part, une dette ça se rembourse ; ce qui serait devenu impossible si nous avions perdu ce marché.

Les choses se sont passées à peu près de cette manière :

— Le directeur commercial : On est arrivé au point de rupture avec l'acheteur de X. Si on ne baisse pas nos prix sur la dosette de moutarde, on perd tout le marché et ça, on ne peut pas se le permettre.

— Le directeur de l'usine : Qu'est-ce qu'on peut faire ? On est censé mettre de la moutarde de Dijon dans les dosettes et on ne respecte pas vraiment le cahier des charges. On devrait appeler ça de la moutarde forte... et encore.

— Votre serviteur : J'achète déjà les graines de moutarde les moins chères que je peux trouver, j'ai même fait venir d'Inde deux containers de toutes petites et pourries. Je ne peux pas baisser la qualité, on est au plus bas. Pareil pour le vinaigre, on est au ras des pâquerettes.

— Le directeur commercial : Un Belge aurait fait une offre 8 % moins chère.

— Tous les autres : Oh, les Belges... !

— Le directeur commercial : Et si on baissait le grammage ?

— Le directeur de l'usine : On est à 5 grammes, c'est pas lourd ! Tu veux descendre à combien ?

— Le directeur commercial : Assez pour gagner au moins 8 % du prix.

*Vous êtes fous d'avaler ça !*

— Votre serviteur : Si la baisse de prix doit être entièrement absorbée par la moutarde, alors il faut baisser la quantité d'au moins 15 ou 20 %. On va se retrouver avec une dosette de 4 grammes.

— Le directeur commercial : OK pour 4 grammes, mais faudra régler les machines au plus juste et arriver à consommer moins de 4 kilos les 1 000 unités. Si on arrive à 3,95 ce serait mieux.

— Votre serviteur : Mais le client va rien dire si on baisse le poids de 20 % ?

— Le directeur commercial : Il paie à l'unité et il donne une dosette si le client en demande avec ses frites. Il se fout de ce que contient la dosette, il veut juste que l'unité lui coûte moins cher...

C'est comme cela que nous avons conservé notre précieux client. Il est vrai qu'il faut dorénavant deux ou trois dosettes de moutarde, ou de ketchup, pour avoir une quantité raisonnable de produit, alors qu'avant une seule suffisait. Comme vous savez maintenant que ces dosettes sont vendues à l'unité, vous comprendrez aisément que si les consommateurs ont besoin de plus d'unités pour satisfaire le même besoin, c'est tant mieux pour nous.

Pour les épices en flacons, ça a été un peu plus compliqué. Dans le cas d'un flacon en verre ou d'un pot en plastique transparent, le contenu et le niveau du produit se voient. Si le pot n'est pas assez rempli, ça fait mauvais effet, le client se demande où est passé le produit manquant et se sent arnaqué.

Alors on a fait comme Amora, on a redessiné le flacon pour réduire son volume intérieur de 10 %. Ça n'a l'air de rien, 10 %, mais, sur des millions

## Bon poids, mon œil

d'unités vendues, on arrive très vite à des volumes et des sommes considérables.

L'argent ainsi économisé en baissant les poids génère automatiquement de la marge, sans coûteuses campagnes de pub, sans se ruiner en engageant des commerciaux supplémentaires, ni payer la grande distribution pour qu'elle mette vos produits à un meilleur emplacement dans leurs rayons. C'est de la marge nette, du bénéfice direct.

Bien sûr, pour le client c'est différent. Si vous avez l'habitude de consommer un pot de crème dessert à la fin de votre repas, vous ne mangerez désormais plus que 115 grammes de crème au lieu de 125. Pareil avec les biscuits et barres chocolatées, vous en mangerez moins, pour le même prix qu'avant. Les optimistes pourront se rassurer en se disant que c'est tellement mieux pour leur santé. Moins gras, moins sucré... la note sera juste un peu plus salée.

# 5

# En faire tout un frauxmage !

La France est LE pays des fromages. Ne dit-on pas qu'on peut en manger un différent chaque jour de l'année ? C'est malheureusement de moins en moins vrai tant les produits de tradition et de qualité ont tendance à disparaître, remplacés dans les rayons des supermarchés par des produits industriels insipides et standardisés.

Aujourd'hui seulement 5 % des camemberts vendus sont au lait cru, tout le reste est fabriqué à base de lait thermisé, stérilisé, ensemencé artificiellement. On ne peut pas dire que ce soit mauvais, c'est juste sans caractère ni finesse. Les consommateurs moyens consomment des produits moyens. Beaucoup n'ont jamais eu le bonheur de goûter un vrai livarot fermier cerclé de ses joncs naturels, un sublime banon affiné dans sa cage en feuilles de châtaigniers, ou un langres orangé au lait cru avec, à son sommet, une petite dépression caractéristique d'un bon affinage.

Les goûts se perdant, il ne faut pas être surpris si nous, industriels, avec nos complices de la grande distribution, nous mettons à vendre n'importe quoi sous le beau nom de « fromage ». Sachez qu'on n'utilise plus de vrai fromage dans nos préparations, même si c'est marqué sur les boîtes, c'est bien trop cher.

Alors, on fait comment ?

Simplissime ! Il suffit de fabriquer un « fromage » reconstitué contenant un peu – le moins possible – de fromage à appellation. Le but c'est de garder le nom valorisant du fromage tout en le remplaçant au maximum par des ingrédients moins chers. Le meilleur de ce point de vue étant... suspense... l'eau. Eh oui, on n'a pas encore trouvé moins cher que la bonne vieille eau du robinet.

Par exemple, et là encore c'est du vécu, pour une sauce au bleu d'Auvergne vous prenez un peu, le moins possible, de bleu d'Auvergne que vous mélangez avec de l'eau, du fromage industriel en bloc bas de gamme, du beurre, protéines laitières, crème, lait en poudre, polyphosphate et orthophosphate de sodium, citrate de sodium et acide citrique. Vous faites fondre l'ensemble, vous touillez bien, et vous obtenez un magnifique « fromage fondu » contenant du bleu d'Auvergne qui figurera en bonne place dans la liste des ingrédients. En plus, vous aurez droit à une magnifique photo d'une généreuse tranche de bleu d'Auvergne sur l'emballage.

Le terme « fromage fondu » étant une désignation officielle réglementée, on ne peut pas faire n'importe quoi avec, malheureusement. Il faut par exemple un minimum de 40 % de matières sèches (ce qu'il reste une fois que l'on a enlevé toute l'eau du produit), ce qui limite considérablement la quantité d'eau que l'on peut ajouter.

Alors, pour baisser davantage les prix, on a la possibilité de passer dans la catégorie des « spécialités

## En faire tout un frauxmage !

fromagères » contenant du bleu d'Auvergne. C'est toujours réglementé, mais beaucoup plus souple. On peut diviser par deux la teneur en matières sèches et donc ajouter encore davantage d'eau, des sous-produits du lait, et d'autres ingrédients pas chers comme du sucre ou des épices.

Si c'est encore trop cher, on peut enfin se passer d'appellation officielle, ou tout simplement en inventer une. Nous, on a développé du « fondant de fromage ». Avouez que c'est drôlement bien trouvé ! Ce n'est pas du « fromage fondu », ni une « spécialité fromagère », on peut donc faire ce qu'on veut et lui donner le joli nom qui nous plaît.

Ce sont ces genres de « fondants » que vous retrouvez râpés sur les pizzas, dans les gratins ou sauces industrielles. Et, croyez-moi, vous pouvez tout à fait trouver, sans beaucoup chercher, des gratins au cantal sans cantal, des ravioles gratinées au gruyère sans gruyère...

Il est déjà très compliqué pour les professionnels de se repérer dans ces histoires d'appellations, de faire clairement la différence entre des « fondants », des « spécialités fromagères », « crèmes de fromage » ou autres « fromages fondus », j'imagine alors aisément combien les clients doivent être perdus.

Inutile d'en faire tout un fromage, diront certains. Pourtant il faut bien avoir à l'esprit que les fromages fondus servent essentiellement à valoriser des fromages industriels insipides de mauvaise qualité, des invendus, et des lots défectueux. C'est une bouillie à la composition incertaine et bourrée d'additifs comme les sels de fonte, dont les industriels vous jureront que c'est tout à fait inoffensif en omettant

*Vous êtes fous d'avaler ça !*

de signaler que la législation limite leur utilisation. Et autorisés ou non, vous pensez qu'avaler des polyphosphates, orthophosphates et autres citrates est une chose naturelle, saine ?

Les Français, à juste titre, sont fiers que le repas gastronomique à la française soit aujourd'hui inscrit par l'Unesco sur la liste représentative du patrimoine culturel immatériel de l'humanité. Or, cette reconnaissance doit beaucoup à notre longue tradition fromagère, à l'excellence de nos produits laitiers fermiers et artisanaux. Un produit aussi noble qu'un fromage AOC, qui est une part de notre patrimoine commun, devrait être mieux connu, protégé et valorisé. On devrait tous s'extasier devant ces produits d'exception, leur variété, leur richesse aromatique, les promouvoir et faire l'effort de les consommer, même s'ils sont un peu plus chers que les saletés industrielles, car le plaisir qu'ils procurent est incomparable.

# 6

# Additif mon ami

Un des départements les plus importants de toute entreprise agroalimentaire qui se respecte c'est la R&D, Recherche et Développement pour les non-initiés. Au sein de la Boîte, ce département emploie des dizaines d'ingénieurs, aromaticiens et techniciens, dans des laboratoires suréquipés. Cela surprendra sans doute la plupart des consommateurs qui s'imaginent qu'il suffit d'avoir une bonne recette pour faire de délicieux biscuits ou des petits plats préparés « traditionnels ». Certains imaginent même que des chefs cuisiniers travaillent dans nos usines comme ils le feraient dans un restaurant de quartier, mais à plus grande échelle et avec des ingrédients de premier choix. Or, détrompez-vous tout de suite, cela n'existe pas. Dans une usine agroalimentaire, on ne trouve que des ouvriers concentrés sur leurs machines et quelques cadres renfrognés. Pas de cuisiniers à toque blanche, pas de laitières à la Vermeer en tablier et fichu, ni de crémières, ou qui que ce soit que vous pourriez imaginer sous l'influence de publicités fantasmagoriques. De toute façon, dans une laiterie, on ne voit même pas le lait ou les yaourts. Tout se passe dans des cuves fermées ou des tuyaux en Inox.

Fabriquer un produit alimentaire c'est avant tout de la technologie, c'est un process industriel comme un autre. Nous avons besoin d'ingénieurs et de techniciens, comme dans une raffinerie ou une centrale électrique. Ce n'est pas un cuisinier qui a mis au point la machine ultrasonique qui monte deux tonnes de mayonnaise en une minute trente, ni le surgélateur à azote liquide qui crache une pizza surgelée par seconde, le saturateur à saumure sous pression qui double le poids des jambons, l'évaporateur sous vide à triple effet, et autres merveilles qui font progresser l'humanité.

Mais la R&D ne travaille pas que sur la partie process, elle s'intéresse aussi au cœur du produit, à la recette. Et, là encore, des miracles sont possibles au quotidien. Ces prouesses sont permises grâce à l'utilisation massive d'additifs, les poudres de perlimpinpin modernes. Il y en a plus de 300 autorisés en France aujourd'hui ; pour la couleur ou le goût, la bonne conservation, épaissir, baisser les calories, éviter que ça mousse, que ça colle, pour que ça brille, croustille, ou gonfle, et bien d'autres fonctionnalités encore. Il n'existe pratiquement aucun produit alimentaire dans votre supermarché qui n'en contienne au moins un, voire un savant cocktail d'additifs en tout genre. Et quand vous ne trouvez pas d'additifs, les fameux E-quelque chose, dans la liste d'ingrédients, n'allez pas croire que l'on n'a rien à ajouter : on peut toujours en balancer quelques-uns discrètement, sans rien dire aux consommateurs, et tout à fait légalement en plus. Ce sont les fameux

*Additif mon ami*

« auxiliaires technologiques », une catégorie d'additifs qui n'a pas à figurer sur la liste d'ingrédients ! On vous cache tout, on ne vous dit rien, la chanson de Jacques Dutronc reste d'actualité.

Alors quelles différences entre « additifs alimentaires » et « auxiliaires technologiques » ? Pourquoi deux catégories distinctes dans la réglementation ? C'est fort simple : ce qui les différencie, c'est uniquement le dosage. La quantité restant dans le produit fini est beaucoup plus importante pour un additif alimentaire que pour un auxiliaire technologique. Voilà tout.

Les définitions officielles sont très proches. En effet, celle d'un auxiliaire technologique est la suivante : « Toute substance qui n'est pas consommée comme un ingrédient alimentaire en tant que tel, utilisée délibérément dans la transformation de matières premières, de denrées alimentaires ou de leurs ingrédients pour répondre à un certain objectif technologique pendant le traitement ou la transformation et pouvant avoir pour résultat la présence non intentionnelle mais techniquement inévitable de résidus de cette substance ou de ses dérivés dans le produit final, à condition que ces résidus ne présentent pas de risque pour la santé et n'aient aucun effet technologique sur le produit fini. »

Il y a deux choses que, personnellement, je trouve « amusantes » dans cette définition. La première, c'est que l'on reconnaisse sans ambiguïté aucune que ces substances ne sont pas des aliments, mais qu'on les autorise tout de même dans les aliments. Bref, ce n'est pas mangeable, mais vous pouvez l'avaler.

*Vous êtes fous d'avaler ça !*

La seconde chose encore plus choquante, c'est que l'on a parfaitement conscience que la présence de résidus dans le produit fini est « techniquement inévitable », mais que rien n'oblige le fabricant à en informer le consommateur, même si certaines substances sont reconnues cancérigènes (nitrites dans les salaisons, benzopyrène dans les produits fumés), neurotoxiques (solvants organiques comme l'hexane utilisés pour l'extraction de certaines huiles et arômes) ou allergisantes (sulfites).

Bien entendu on prend la précaution d'affirmer que « ces résidus ne présentent pas de risques pour la santé ». Vous devez donc être parfaitement rassuré, non ?

Et vous avez raison ! Prenons le cas emblématique des colorants « azoïques » (molécule à double liaison azote), un parfait exemple d'additifs chimiques. Ils présentent de nombreux avantages : stabilité chimique (pH et température), intensité de teinte et longue conservation. En comparaison avec un colorant naturel, les colorants azoïques sont cinq fois plus vifs et beaucoup, beaucoup moins chers (oui, encore une question d'argent). Eh bien, avant le 10 juillet 2010 ces molécules « ne présentaient pas de risques pour la santé », alors qu'après cette date les fabricants qui les utilisent doivent indiquer sur l'emballage : « peut avoir des effets indésirables sur l'activité et l'attention chez les enfants ». Voilà une substance très largement utilisée en confiserie, dans l'industrie des boissons et un tas d'autres produits alimentaires qui « devient » dangereuse du jour au lendemain. Et notez la force de nos certitudes scientifiques en la matière : « Peut avoir des effets indé-

## *Additif mon ami*

sirables. » Comme dirait Coluche : « C'est même pas sûr ! »

Quels effets indésirables d'abord ? Ah, sur l'activité et l'attention ! Ça veut dire quoi ? On risque l'endormissement, l'évanouissement, la syncope, le coma, ou au contraire l'hyperactivité, de devenir stupide, rêveur, distrait... Pour combien de temps, pour quelles doses avalées ?

Et seulement les enfants ? Alors, je suppose qu'il n'y a pas de problème pour les femmes enceintes, les personnes fragiles et âgées, n'est-ce pas ? Et pour les enfants, c'est dangereux jusqu'à quel âge ? Pas de problèmes pour les ados ?

Je trouve la mention « une consommation excessive peut avoir des effets laxatifs », pour les édulcorants de type polyols[1], plus explicite. Encore que. Toujours cette prudence, ce « peut avoir » rassurant.

Sachez également qu'un additif peut être autorisé en France et interdit aux États-Unis ou ailleurs sur la planète, et vice versa, et qu'il n'existe pas d'harmonisation européenne pour les auxiliaires technologiques. Vous voyez bien que l'innocuité de ces substances n'est pas facile à appréhender et que la liste des substances autorisées et les dosages permis varient constamment au gré d'études nouvelles ou de pressions des différents lobbies.

Certains additifs sont comme du maquillage. Ils ont une action superficielle sur le produit en jouant

---

1. Les polyols, aussi appelés glycols, sont une famille d'édulcorants « légers ». Fabriqués industriellement, ils existent aussi à l'état naturel en faible quantité dans certains végétaux. Ils entrent aussi dans la fabrication de polyesters et autres polyuréthanes.

sur l'esthétique au sens le plus large, sans modifier sa structure. C'est typiquement le cas des colorants que l'on ajoute à du concentré de tomates marron pour lui redonner une rougeur appétissante, ou à de l'eau pour la faire ressembler à du jus d'orange.

Les colorants sont partout. Certains sont « naturels » comme la poudre de betterave, la cochenille, ou les extraits de certaines plantes, d'autres sont de pures inventions de la chimie moderne. Vous avez même un entre-deux avec des produits naturels qui subissent un traitement chimique, comme le caramel au sulfite caustique (E150b), à l'ammoniaque (E150c) ou au sulfite ammoniacal (E150d).

Ce qu'il faut noter avec les colorants, c'est qu'ils n'apportent rien de positif au consommateur, au contraire. Leur rôle est de masquer les défauts ou de rendre joli un produit de piètre qualité. On pourrait parfaitement s'en passer sans que l'humanité n'ait à en souffrir le moins du monde. De plus, une bonne partie d'entre eux est connue pour avoir des effets allergisants, irritants voire, pour les plus chimiques, potentiellement cancérigènes et mutagènes. Et je ne vous reparle pas des colorants azoïques que vous connaissez bien maintenant.

Les additifs préférés de ma R&D sont ceux qui transforment le produit de manière radicale. On n'est plus dans le cosmétique, on touche à la chirurgie. On ne cherche plus seulement à améliorer les qualités sensorielles, mais à faire plus de profit en augmentant le poids du produit. Et vous savez maintenant que, pour ce faire, il suffit d'ajouter des ingrédients pas chers et, en premier lieu, le plus possible d'eau.

## Additif mon ami

Or, comme vous vous en doutez, l'eau rend le produit liquide, sans consistance. Pourtant pas de panique, on utilise alors des épaississants comme la gélatine, l'amidon, le guar, la caroube ou le xanthane, des émulsifiants, et des stabilisateurs.

Le yaourt est trop cher ? Pas de problème, on ajoute de la flotte avec de la gélatine et des amidons modifiés. On ne dit plus « yaourt » mais « préparation laitière ». De toute façon le consommateur n'y comprend rien, et puis il suffit de lui donner un joli nom terroir que l'on écrira en gros sur l'emballage.

Pour autant, ne croyez pas que notre vie d'industriel de l'agroalimentaire est facile : quand on met trop d'eau, le produit se conserve moins bien. Mais, là encore, les choses sont bien faites, on a une solution : les sulfites. Antifongiques (empêche la prolifération des champignons et autres pourritures), antilevures, voilà la base du parfait conservateur. Oui, bon, il peut rendre malade les personnes sensibles, mais on ne fait pas d'omelette sans casser des œufs... encore que.

Et puis, suivant les produits, on peut aussi utiliser, en parfaite légalité, de l'acide benzoïque, des benzoates, des anhydrides sulfureux, des dérivés du phénol, des formiates, nitrates, acide éthanoïque, lactates, propionates, ascorbates, acide fumarique...

Une fois qu'on a ajouté de l'eau, des texturants, des stabilisateurs et autres conservateurs, que l'on a travaillé la couleur à l'aide d'un colorant adéquat, il ne reste plus qu'à peaufiner le goût avec l'arôme qui va bien.

Ah, les arômes, un univers entier à eux tout seuls. Il en existe de toutes sortes : arôme ketchup, mayonnaise, ou poulet grillé, arôme de fruits, de fromages, de bœuf bouilli ou grillé, de bouillons de légumes, même des arômes aussi bêtes que « pain » ou « beurre ». Et j'en passe. C'est sans limite. On y trouve tout d'abord des extraits naturels obtenus à partir de différentes parties de plantes aromatiques, comme l'extrait de vanille obtenu à partir de la gousse de vanille. Mais il y a aussi des molécules qui, initialement naturelles, ont été modifiées chimiquement, comme les protéines végétales hydrolysées à l'acide qui donnent un petit goût de viande. On a également des molécules de synthèse qui ressemblent, au moins par leurs formules chimiques, aux molécules naturelles, c'est le cas de la vanilline de synthèse dite « identique au naturel ». Et enfin on a des substances totalement artificielles, sans rapport aucun avec des substances naturelles, fruits des immenses progrès de la chimie moderne comme l'éthylvanilline qui est trois fois plus puissante que la vanilline naturelle.

Une petite parenthèse pour vous amuser, là encore tirée de mon expérience personnelle. On pourrait se dire que les extraits naturels sont à privilégier, et c'est ce que je croyais jusqu'au jour où :

— Suis-moi en salle de réunion ! me lança un matin mon boss en déboulant dans la salle de pause comme un diable jailli de sa boîte, me faisant renverser la moitié de mon café.

— O... OK...

Je n'avais pas eu le temps de lui répondre qu'il était déjà reparti, me faisant douter une seconde de la réalité de son intrusion.

*Additif mon ami*

— Tu devrais y aller tout de suite, me fit remarquer mon collègue Dany (dont nous reparlerons plus tard), t'inquiète pas, j'essuierai le café par terre.

Comme je pouvais compter sur les doigts d'une seule main le nombre de fois où mon boss avait interrompu ma pause-café avec Dany, je savais que c'était sérieux. Je partis au pas de course avec mon gobelet aux deux tiers vide le rejoindre dans la salle de réunion. Nous étions seuls.

— On a un problème avec le thé bio au citron ! annonça-t-il tout de go.

Je listais mentalement les erreurs que j'avais pu commettre en rapport avec ce produit et… non, rien… à moins que…

— Le négociant me vend du thé bio de Ceylan, me lançai-je, et comme il est 20 % moins cher que tous les autres vendeurs, on sait très bien que ce n'est pas véritablement du Ceylan, mais personne ne peut le savoir et…

— C'est pas le problème, me coupa-t-il le regard plongé dans une feuille d'analyse sur laquelle je voyais des chromatogrammes (résultats d'analyses très précises sous forme de graphiques), posée devant lui. On a retrouvé de l'imazalil, du thiabendazole, du pyriméthanil et du carbendazime dans les derniers lots fabriqués. On a 50 000 boîtes de sachets qui posent problème.

— Des analyses clients ?

— Non, heureusement c'est en interne pour le moment, et les quantités sont faibles. Ça devrait passer, mais je veux savoir d'où viennent ces p… de pesticides. On est censé faire du bio !

— Je ne comprends pas ; les analyses fournies par le fournisseur sont bonnes et on a fait quelques contre-analyses qui sont bonnes aussi. On n'a pas trouvé de pesticides dans le thé, je ne comprends vraiment pas.

— Ils ne peuvent pas tomber du ciel ces pesticides, s'énerva-t-il. Il n'y a que du thé et de l'arôme dans ces sachets... Tu as des analyses ou des garanties en pesticides sur tes arômes ?

Bien sûr que nous n'en avions pas. Comment aurais-je pu me douter que les extraits naturels d'agrumes que j'achetais étaient pleins de pesticides ? Bien entendu, le fabricant de ces arômes, qui était forcément au courant, s'était bien gardé de me le dire.

Les arômes naturels sont produits majoritairement par des techniques d'expression (pression mécanique comme dans le cas de mes agrumes), de distillation, ou d'extraction par solvant, qui concentrent les polluants en même temps que les molécules aromatiques. Ainsi, des citrons conventionnels ont de grandes chances de donner un extrait de citron parfaitement « naturel », mais pourri en pesticides, fongicides et autres molécules de traitement des cultures.

L'idéal, vous vous en doutez, serait d'utiliser des extraits naturels de fruits biologiques qui subissent un minimum de traitements chimiques, mais bon courage déjà pour en trouver. Et, quand c'est le cas, ils sont à des prix prohibitifs.

Finalement, après avoir écoulé nos 50 000 boîtes comme si de rien n'était, nous avons demandé à notre fournisseur de nous livrer, pour les produits bio, des arômes avec des niveaux de pesticides sous les seuils de détection usuels (quantité minimale que peuvent détecter les matériels d'analyse).

## Additif mon ami

Ces arômes, vous les rencontrez dans la grande majorité des produits alimentaires bas de gamme. La plupart des clients achètent sans trop se poser de questions en se disant vraisemblablement que c'est un moindre mal : ils donnent du goût, et ce n'est pas cher.

Qui sait, peut-être que tout le monde y trouve son compte et que je m'inquiète pour rien.

# 7
# Enfumage au royaume de l'andouille

S'il existait une palme de la bidouille dans l'industrie agroalimentaire, le lauréat serait sans l'ombre d'une hésitation un charcutier industriel. Les charcutiers industriels sont des magiciens, les maîtres de l'art qui consiste à transformer de simples vessies en de magnifiques lanternes.

La première fois que j'ai discuté avec un charcutier industriel, j'étais à la recherche d'un produit tout bête : des tranches de jambon. Il m'en fallait de grosses quantités pour un nouveau produit.

Notre conversation téléphonique a donné à peu près cela :

— Bonjour, j'ai besoin de jambon, c'est pour des croque-monsieur.

— Vous êtes au bon endroit. Vous voulez du jambon ou de l'épaule ?

— Ben, je ne sais pas trop, la R&D m'a pas dit. C'est quoi la différence ?

— L'épaule c'est moins cher, mais c'est pas du jambon, qu'est plus cher.

— J'ai donc intérêt à acheter de l'épaule dans ce cas.

*Vous êtes fous d'avaler ça !*

— C'est vous qui voyez, parce qu'alors vous n'avez pas le droit de parler de « jambon » sur votre emballage.
— Alors du jambon, pas de l'épaule.
— Vous voulez du supérieur, choix ou standard ?
— Le moins cher !
— Alors standard. Et c'est quoi vos dimensions ?
— Il me faut des tranches de 10 centimètres par 10 centimètres.
— Pas de problème, je peux vous faire des blocs de 10 centimètres de côtés, sur 1 mètre de long.
— Ah ! ?

Je me suis demandé quelle race de cochon pouvait bien avoir des jambons d'un mètre de long.
— Et le goût ? me demanda-t-il.
— Quoi le goût ?
— Ben, je suppose que vous voulez un arôme. On met toujours un arôme. Le standard, sans arôme, c'est fade. On a des arômes jambon simple, jambon braisé, bouquet garni, herbes fraîches, fumée, paprika, poivre...

Quand j'ai raccroché, je me suis demandé à quoi ressemblait l'usine de mon contact. Je n'ai pas été déçu quand je l'ai visitée et je ne résiste pas au plaisir de vous raconter. Séquence émotion.

Dans le process jambon, de grosses caisses de plastiques pleines de jambons sont livrées directement de l'abattoir. La taille de ces jambons frais m'a surpris. Ils étaient relativement petits comparés à ceux que j'avais déjà vus au supermarché en faisant mes courses comme n'importe quel quidam.

La première étape est justement de leur faire gagner du poids. Pour cette séance de gonflette accé-

## Enfumage au royaume de l'andouille

lérée, on injecte sous pression, en intramusculaire avec de grosses aiguilles, des solutions contenant des additifs :
- polyphosphates, protéines de sang, et gélifiants pour retenir l'eau,
- sucre, glutamates, arômes et fumée liquide pour le goût,
- ascorbate de sodium et sels nitrités pour la conservation.

Chaque industriel a développé ses cocktails maison. C'est tout son art, son savoir-faire. Après ce traitement de choc, je peux vous assurer que les jambons ont presque doublé de volume.

Ensuite les jambons sont systématiquement découennés (on enlève la peau) et le gras est retiré. Il ne reste que le muscle.

Ils sont alors placés dans des moules avant d'être cuits. On leur ajoute ensuite une couche régulière du gras que l'on a précédemment retiré, et on remet la couenne par-dessus.

C'est pour cette raison que les tranches de jambon que vous achetez dans votre supermarché préféré ont toujours une couche de gras parfaitement homogène sur toute leur longueur, pas trop large, pas trop fine. Si on laissait en l'état, vous auriez des tranches avec 3 centimètres de gras d'un côté et presque rien de l'autre. Personne n'en voudrait.

Toutefois, ce qui précède vaut pour les jambons de luxe, pas pour mon jambon d'un mètre de long et de 10 centimètres de côtés. Les jambons industriels bas de gamme destinés aux croque-monsieur, cordons-bleus ou pizzas surgelées subissent un autre traitement : la baratte ! Les jambons sont désossés,

*Vous êtes fous d'avaler ça !*

découennés et dégraissés. Ce qui reste, le muscle, est mis dans une baratte industrielle (une grosse bétonnière en Inox). Les muscles sont longuement malaxés dans un bain d'additifs jusqu'à ce que l'on obtienne une sorte de pâte. Il ne vous reste plus qu'à couler cette mixture dans des moules (pour moi de 1 mètre sur 10 centimètres), et hop au four. Pour finir, ces barres alimentent des trancheuses automatiques d'une cadence de plus de soixante tranches à la minute. C'est beau la technologie.

Une petite parenthèse pour évoquer brièvement le « fumage » industriel. Sachez simplement que la plupart des cochonneries industrielles dites « fumées » ne sont pas suspendues à un clou fiché au-dessus d'une cheminée dans laquelle crépite un feu de bois, non, non. Le « fumage » se fait maintenant le plus souvent avec ce que l'on appelle de la « fumée liquide ». C'est un arôme qui ressemble à du goudron. On le dilue et on injecte la mixture ainsi obtenue dans le produit ; jambon, bacon, poitrine, saucisse... C'est rapide, facile et pas cher. Pas d'installations compliquées, de bois à acheter et à stocker, pas de risque d'incendie, pas besoin de personnel hautement qualifié. Le bonheur. Vous l'avez compris, c'est ce que l'on appelle de l'enfumage.

Pour le plaisir j'avais calculé que, dans mon croque-monsieur, entre le jambon, le fromage fondu, le pain et autres ingrédients mineurs, j'avais presque 5 %, en poids, d'additifs !

Imaginez la dose d'additifs qu'ingurgite le consommateur de mon croque-monsieur s'il l'accompagne d'un verre de soda light d'une grande marque inter-

*Enfumage au royaume de l'andouille*

nationale présente dans tous nos supermarchés (acide citrique, sulfate de magnésium, lactate de calcium, chlorure de calcium, sorbate de potassium, gomme d'acacia, esters glycériques de résine de bois, acésulfame, sucralose et lutéine), de carottes râpées d'une marque française qui fleure bon le terroir (acide citrique, disulfite de potassium, gomme de guar, gomme xanthane, gomme tara, sorbate de potassium) et d'un yaourt aux fruits à la marque d'un distributeur (amidon modifié, pectine, lutéine, citrate de sodium, sorbate de potassium et phosphate de calcium d'hydrogène).

Mon conseil : si vous avez des économies, investissez en actions de fabricants de comprimés contre les maux d'estomacs, les allergies, ou les cancers. Quelque chose me dit qu'ils ont de beaux jours devant eux.

# 8

# Périlleuses mises en boîte

On a très souvent ce que l'on appelle des « retours » de nos chers clients de la grande distribution. Tellement même, et sous les prétextes les plus farfelus, que l'on finit par ne plus y faire attention. On connaît d'expérience le taux de retours de telle ou telle enseigne, à peine différent de sa concurrente. Rassurez-vous, les coûts estimés sont simplement intégrés dans nos prix.

Que les ventes soient un peu moins bonnes à cause de la crise, de la météo ou pour n'importe quelle autre raison, ou bien que le supermarché se soit planté dans ses prévisions au point de trop commander, vous pouvez être certain que nous aurons des retours à cause de « palettes en mauvais état », « cartons écrasés », « livraison cinq minutes en retard », « documents mal renseignés », etc., etc.

Quelquefois nous avons même des retours sans explication aucune, de toute façon personne, à part peut-être Coca Cola ou Nestlé, n'ose contredire la toute-puissante grande distribution, car elle peut se passer de vous alors que l'inverse n'est pas vrai.

*Vous êtes fous d'avaler ça !*

C'est pourquoi, lorsqu'un retour se produit avec une raison valable, cela constitue un événement notable.

— Distritruc nous a renvoyé vingt palettes de paquets de lentilles !

Personne dans le bureau n'a relevé la tête pour une nouvelle aussi banale, et l'exclamation de Brigitte, notre directrice qualité, s'est perdue dans les brouhahas des conversations téléphoniques.

— Ils ont trouvé de l'huile minérale dans les lentilles ! a-t-elle ajouté plus bas en se plantant devant mon bureau.

Tiens, une raison qui ne semble pas foireuse pour une fois, me dis-je en la regardant.

On ne peut pas dire que l'on s'entende bien Brigitte et moi. En fait, personne dans la Boîte ne l'apprécie, pour la simple raison qu'elle a le rôle ingrat de garde-fou. Elle est le gendarme qui bride notre créativité. Cependant, son rôle est essentiel, difficile, et dangereux pour elle. En effet, chargée d'obtenir les analyses conformes qui couvrent nos activités et de nous aider à comprendre les magouilles de nos fournisseurs et concurrents, elle est en première ligne. Comme nous sommes toujours *border line*, en tant que responsable de la qualité, elle sera la première à subir les conséquences d'un éventuel scandale, ou bien la réprimande d'un de nos clients ou des services de l'État. Elle le sait et cela la rend hargneuse, ce qui ne favorise pas ses échanges avec ses collègues.

— Je ne comprends rien à ce que tu me dis. Elles sont parfaites mes lentilles, c'est toi-même qui as validé les bulletins d'analyses.

## Périlleuses mises en boîte

Et toc !

Habituée à son rôle de cible et blasée par notre animosité à son égard, elle a encaissé le coup sans ciller.

— Cela ne vient pas des lentilles.
— Tu veux dire que le client s'est trompé ?
— Non, on a vérifié et on retrouve bien de l'huile minérale dans les paquets.

Je réfléchis un instant.

— Alors c'est probablement une pollution accidentelle lors du conditionnement. Mais si on a une fuite d'huile sur une machine je ne vois pas en quoi cela me concerne.
— Ça ne vient pas des machines non plus… et cela te concerne directement.

Cette fois, elle m'énervait. Je savais qu'elle le faisait exprès. Elle prenait un malin plaisir à me titiller, pour une fois que les rôles étaient inversés.

— Bon, t'as gagné, c'est quoi le problème, qu'est-ce que j'ai fait ?
— Les emballages !
— Quoi, les emballages ? Il y a de l'huile minérale dans nos emballages ? D'où ça vient ? Un accident ?
— Non, ce n'est pas un accident. Tu as bien acheté des étuis en carton recyclé ?
— Ben oui, c'est mon côté écolo.

En fait, pas du tout, ça c'est un argument pour la façade, en réalité c'est juste moins cher. Je n'oserais certainement pas proposer à nos patrons de payer plus cher pour des produits écolos, de peur de me faire lapider.

— Ben voilà, tes cartons recyclés ont été faits en partie avec des emballages, des vieux papiers, des journaux, etc. qui contenaient des vernis, encres et autres molécules chimiques non alimentaires qui ont migré dans le produit.

— OK, c'est possible, mais il ne doit pas y en avoir beaucoup. Les lentilles sont un produit sec, il ne doit pas y avoir une grande migration de ces trucs.

Elle m'a regardé avec un petit air méchant, comme si elle doutait de ma bonne foi, et que j'étais le genre de gars à minimiser un risque sur la santé publique.

— Ces « trucs », comme tu dis, ce sont des hydrocarbures d'huiles minérales. C'est cancérigène et génotoxique. Ces molécules s'accumulent dans les tissus humains, le foie surtout, et te préparent gentiment un cancer pour dans quelques années.

— OK, j'ai compris. Alors on fait quoi ?

— Il est impossible de garantir l'absence d'huiles minérales et de tout un tas de polluants dans les cartons recyclés. Pour les produits secs en contact direct avec le carton d'emballage, comme ces lentilles, mais aussi les haricots, graines de couscous et autres pois chiches, il faudra que tu achètes dorénavant uniquement des emballages en carton vierge. C'est le seul moyen de s'assurer que nos emballages ne sont pas contaminés, ne pollueront pas les contenus, et n'empoisonneront pas les consommateurs.

— Bon, OK, je vais en parler à la direction…

Pour tout dire, je n'ai jamais eu l'accord de la direction pour acheter des emballages en carton vierge. Ce carton coûte au moins 20 % plus cher que son équivalent recyclé et, lorsqu'on a demandé à nos clients s'ils étaient d'accord pour payer un peu

*Périlleuses mises en boîte*

plus cher en échange de la garantie de ne plus avoir d'huiles minérales dans les aliments, leur réponse a été sans équivoque : « Pas question. » Distritruc a repris ses palettes, tout le monde a regardé ailleurs, fin de l'histoire.

C'est la raison pour laquelle vous avez toujours aujourd'hui, dans votre supermarché préféré, des paquets de riz, pâtes, corn flakes, lentilles et autres légumes secs, dont l'étui en carton recyclé est directement en contact avec le produit.

Pour reconnaître le carton recyclé, c'est facile. Regardez à l'intérieur de l'emballage. Si le carton est brun ou blanc, résistant et homogène, alors il est fait avec des fibres vierges. S'il est gris (à cause des encres résiduelles), se déchire facilement (les fibres ont été brisées lors du process de recyclage) et vous semble hétérogène en regardant de près (on retrouve de minuscules fragments de plastique et de fibres variées), alors plus aucun doute, vous avez toutes les chances d'être en présence d'hydrocarbures d'huiles minérales cancérigènes. Bon, maintenant que vous savez, vous faites comme vous voulez.

# 9

# Repeindre la vie en rose

Quand on a un produit à vendre, surtout s'il est de qualité moyenne, voire inférieure, et que la concurrence fait rage, il vaut mieux soigner sa présentation : l'emballage. Ça, c'est le travail du marketing, les spécialistes des apparences, les as de la cosmétique et du relooking des produits.

Le proverbe dit que l'habit ne fait pas le moine, et c'est sans doute vrai, mais vous n'imaginez pas le temps que l'on passe, et l'argent que l'on dépense, pour vous faire croire le contraire.

J'ai assisté à un nombre incalculable de réunions commercialo-marketing toutes plus surréalistes les unes que les autres :

— Y fait pas assez « quali » ce thé vert, fait pas envie.

Celui qui, grimaçant, fait ce constat sans appel, c'est Julian, le directeur marketing. Archétype du bobo, personnage blasé et condescendant, avec un accent traînant bien à lui, presque collant, il est sincèrement persuadé que l'Humanité ne serait jamais sortie du Moyen Âge sans les lumières salvatrices du marketing.

Bien entendu, quand il décrète que notre thé vert ne semble pas être de bonne qualité, il ne parle pas du produit lui-même, mais de la boîte en carton qui le contient. Son job, c'est de s'occuper de ce que voit le client en rayon, pas du produit contenu dans l'emballage, ça, il s'en fout. D'ailleurs, il n'a jamais pris la peine de goûter notre thé, et n'a pas la moindre idée de sa qualité.

— Il faut, continue-t-il, que le quidam se dise, au premier regard : « Ce thé, c'est le meilleur. » Ce doit être immédiat, une évidence.

— Bon, OK Julian, tout ça c'est bien joli, intervient le directeur commercial, mais tu nous as déjà fait mettre une jolie illustration, pas mal de dorure, un carton plus épais, et un vernis brillant. La boîte coûte maintenant plus cher que le thé à l'intérieur !

— Et alors ? Personne n'y connaît rien en thé vert, c'est l'emballage qui doit orienter l'acte d'achat vers notre marque plutôt que vers celles de nos concurrents. La règle numéro un du marketing, c'est que tout le monde croit ce qui est marqué sur l'étiquette, ou sur la boîte dans notre cas. Il faut donc que l'on rende notre emballage suffisamment convainquant, attirant, plein de promesses, pour donner envie au client de le choisir.

J'objecte :

— On ne peut tout de même pas écrire n'importe quoi !

— Mais bien sûr que si ! Il faut simplement le faire intelligemment, avec finesse, et bien choisir ses mots et ses illustrations. Ils doivent être positifs et nous permettre de détourner l'attention du consommateur là où on le souhaite.

— J'y comprends rien, souffle le directeur commercial.

*Repeindre la vie en rose*

— Mais c'est pourtant simplissime, s'énerve Julian en montant de manière désagréable dans les aigus. Si je veux vendre une pâte à tartiner pleine de sucre et d'huile comment dois-je faire ?

— ...

— Pfff. Eh bien, je vais positiver sur la richesse énergétique du produit au lieu de la cacher. Je vais dire que mon produit permet aux enfants d'avoir toute l'énergie dont ils ont besoin pour leurs journées éreintantes à l'école. Ou alors je vais mettre en avant les ingrédients mineurs positifs, « de bonnes noisettes pour bien penser » et « du bon lait pour ses petits os ». Comprenez mieux le principe ?

— Bon d'accord, dit le directeur commercial, mais dans le cas de notre produit, c'est que du thé.

— Mais c'est parfait ! Que du thé... On peut marquer « 100 % naturel », « sans additifs ajoutés », « qualité garantie », « plein champ »... on a des tas de possibilités. Regardez Chupa Chups, les sucettes. Alors qu'il n'y a que du sucre coloré et aromatisé, ils ont été jusqu'à marquer « 0 % de matières grasses » sur leurs sachets.

— C'est du foutage de gueule, laissé-je échapper.

— C'est du marketing et c'est techniquement exact, s'indigne Julian. On ne ment pas, on met simplement en lumière les avantages du produit pour le consommateur. Le message doit être positif, valorisant pour le produit, bref, vendeur, et c'est ce que l'on veut, non ?

— Je suis partant pour « qualité garantie », intervient le directeur commercial, mais c'est peut-être un peu léger.

*Vous êtes fous d'avaler ça !*

— La question à se poser, c'est comment le leader parvient à se démarquer sur le marché pour être le numéro un ? reprend l'expert du marketing.

— Ben, pour ce type de thé, répond le directeur commercial, le leader a une bonne réputation et une bonne qualité, même si elle n'est pas meilleure que la nôtre. Les clients l'appellent le « cinq étoiles », car il a cinq étoiles dorées imprimées sur le haut de la boîte.

Julian reste un court instant silencieux avant d'ajouter, comme à lui-même :

— Cinq étoiles... Les clients font donc, inconsciemment, le lien entre ces étoiles et la qualité du produit. Plus il y a d'étoiles, meilleur doit être le produit, un peu comme les hôtels. Un deux-étoiles est moins bon qu'un trois, et pour un palace il faut cinq étoiles... ou plus.

C'est ainsi, tout simplement, qu'on a imprimé six étoiles dorées sur nos emballages de thé vert, une de plus que le leader. Si ça, c'était pas la preuve qu'on était meilleur.

Voyant cela, le concurrent aux cinq étoiles en a ajouté deux. Si bien que, par un effet de surenchères, les emballages se sont retrouvés rapidement à arborer des liserés de petites étoiles dorées sur toutes les faces de la boîte, des dizaines. Le thé dedans, lui, n'a jamais changé, ni chez nous, ni chez nos confrères. Un produit moyen, riche en pesticides, dans un emballage doré, brillant... et étoilé.

Aucune femme, chez nous, ne participait à nos réunions marketing, même lorsqu'il était évident qu'un point de vue féminin aurait été utile. Car, à

*Repeindre la vie en rose*

l'exception de certaines lignes de production à forte cadence où un travail manuel minutieux et sans portages est nécessaire, l'agroalimentaire est un milieu plutôt masculin. Et cela est encore plus vrai dès qu'on s'élève dans la hiérarchie. Les femmes sont rares chez les cadres, et rarissimes parmi les cadres supérieurs.

— Nos ventes de produits d'aide à la pâtisserie décrochent en hyper, se lamente le directeur commercial.

— C'est normal, interviens-je, on n'a pas fait d'innovation depuis des lustres, pas lancé de nouveau produit, pas fait d'animations en magasin.

— Peut-être, mais c'est pas l'apparition d'un nouveau produit ajouté à une gamme qui en compte déjà 80, ou un nouvel emballage pour la levure chimique qui va booster nos ventes, rétorque-t-il. On a besoin d'un relooking total de notre assortiment. Quelque chose de plus moderne, qui attire l'œil. Qu'est-ce que t'en penses, Julian ?

— Tout à fait d'accord, s'exclame le directeur marketing, ravi que l'on fasse appel une fois de plus à son art majeur. Il faut frapper un grand coup. On est sur une gamme destinée aux femmes. Il faut un message qui leur parle directement, féminiser notre offre. Il faut se poser la question : « Qu'est-ce qui plaît aux femmes ? »

— Les comédies romantiques, les boys bands et ce genre de conneries, se gausse le directeur commercial.

— OK, listons nos idées sur paperboard, reprend Julian un marqueur en main... Les femmes sont romantiques, elles aiment se maquiller, les bijoux, parfums... Quoi d'autre ?

Des suggestions fusent alors d'un peu tout le monde :
— Les dentelles !
— Tom Cruise et Leonardo du Carpaccio !
— Le rose !
— La couleur rose, oui, c'est une bonne remarque, reprend Julian, pensif. Pourquoi pas une gamme rose, comme pour le sucre de je ne sais plus quelle marque ?
— Ouais, c'est une couleur pas courante dans l'alimentaire, on pourra se démarquer, acquiesce le directeur commercial.

Malgré l'approbation quasi générale, l'idée me semble simpliste et j'ai du mal à accrocher :
— On part juste du principe que si c'est rose les femmes doivent acheter... C'est pas un peu réducteur ?
— Pas du tout, s'indigne Julian. Une des règles essentielles du marketing c'est que *l'idée que l'on se fait du produit est plus importante que le produit lui-même*. Nous devons faire un focus sur le message positif que nous voulons faire passer. Choisir le bon langage, les illustrations, la couleur, etc. Nespresso ne vend pas du café, mais une expérience, Ferrari ne vend pas des voitures, mais du rêve, Danone des yaourts, mais des produits laitiers bons pour votre corps, Apple des téléphones, mais de l'innovation, Lacoste des polos, mais un style de vie smart et décontracté, etc. On ne doit pas simplement proposer à nos clientes des sachets de levures et des gousses de vanille, tout le monde peut faire ça, mais leur proposer de la cosmétique pâtissière, de la mode culinaire.

*Repeindre la vie en rose*

— Alors on change juste la couleur, rien d'autre ? Pas de nouvelles références, pas d'améliorations techniques, pas de promo ? Pourquoi ne pas demander directement l'avis de quelques clientes ou de nos employées ?

— Pas la peine, s'emporte Julian, fâché que l'on puisse douter un instant de son génie créatif et de sa perspicacité psychologique. Dès qu'elles verront du rose, elles vont se jeter dessus, elles sont conditionnées depuis leur petite enfance. J'ai fait de la psycho et je peux t'affirmer qu'il ne faut pas sous-estimer la puissante rémanence de l'éducation.

Alors c'est ce qu'on a fait. Des sachets de levure rose, des bougies d'anniversaire sous blister rose, des préparations pour brownies en étuis carton rose, une gamme entière de produits d'aide à la pâtisserie rose fluo... qui ne s'est pas mieux vendue que la précédente. Allez comprendre les femmes !

Le marketing s'efforce d'assurer la cohérence produit-emballage en utilisant certains « codes » plus ou moins fiables. Un emballage rose, c'est un produit pour les femmes ; des gouttes d'eau imprimées sur un sachet plastique, c'est pour un produit frais ; un bocal en verre, c'est pour une conserve haut de gamme ; de la dorure, un produit d'exception ; le noir, c'est premium, le vert, c'est naturel...

Pour notre gamme bio, les emballages plastiques classiques ne faisaient pas assez naturels. On a alors utilisé les solutions « pseudo-naturelles » offertes par les fabricants d'emballages.

On a commencé avec des plastiques « oxo-biodégradables », l'oxo-bio pour les intimes. Des plastiques qui ne sont pas réellement biodégradables mais « fragmentables » et généralement à base de polymères synthétiques. Des additifs chimiques sont simplement ajoutés au plastique permettant de programmer sa fragmentation, libérant ainsi dans la nature une multitude de petits copeaux de plastiques, qui donneront *in fine* des particules minuscules appelées « microplastiques », qui n'ont rien d'écolo. Ces poussières de plastique, même si elles sont devenues invisibles, polluent l'environnement et se retrouvent dans toutes les chaînes alimentaires.

Dans son numéro d'octobre 2014, le magazine *60 Millions de consommateurs* dévoilait les résultats d'une étude qui révélait la présence en grande quantité de ces microplastiques dans des pots de miel. Sur 12 échantillons, 10 miels conventionnels et 2 bios, achetés dans des supermarchés français, 100 % étaient pollués avec, il est vrai, des teneurs moindres pour les miels français et bio. Les quantités retrouvées allaient de 74 à 265 particules par kilo de miel. À vous de faire le calcul pour savoir combien vous et vos enfants en ingérez chaque matin avec le miel qui recouvre les tartines de votre petit déjeuner.

Et on n'en retrouve pas que dans le miel, dans les poissons aussi, et tous les coquillages, huîtres et autres moules, jusque dans nos bêtes paquets de sucre en poudre. En réalité, c'est l'ensemble des produits alimentaires qui doit en contenir en plus ou moins grande quantité.

Difficile de passer au travers, pas vrai. Sans extrapoler outre mesure, il est évident que nous ingérons tous quelques milliers de ces micro-fragments de plastiques chaque année. Et avec quelles conséquences sur la santé ? Personne ne le sait, mais il

## Repeindre la vie en rose

est certain qu'avaler, année après année, ces cocktails de plastiques contenant du bisphénol A, des phtalates, des retardateurs de flammes polybromés... ne doit pas avoir un impact très positif.

Le papier, ou le carton, ça fait naturel, surtout avec une belle couleur kraft. C'est recyclable, mais ça ne résiste pas à l'eau, ça se déchire, ne se soude pas, n'est pas barrière à l'oxygène, bref inutilisable dans beaucoup de cas. Des fabricants d'emballages ont donc enduit du papier kraft d'une fine couche de plastique transparent. Cela rend le papier imperméable tout en le laissant bien visible et reconnaissable. Ce papier enduit est ensuite collé sur une feuille plastique classique pour la rigidité et la soudabilité. Résultat un emballage composite qui semble naturel, mais qui est totalement impossible à recycler car les matériaux qui le composent sont inséparables. Un comble lorsqu'on sait que papier et plastique seuls se recyclent parfaitement.

Comme les hommes politiques, les emballages tiennent rarement leurs promesses. Méfiez-vous des packagings pompeux, des noms inventés pour la cause, des formules qui ne veulent rien dire, des couleurs criardes, des images appétissantes, des matières faussement naturelles ou artisanales, tout cela n'est que de la poudre aux yeux. Seul le produit compte.

# 10

# Devinez l'âge du capitaine ?

La plupart de mes amis, peu familiers avec l'univers impitoyable de l'agroalimentaire, ne savent pas faire le distinguo entre la DLC (date limite de consommation), ou date de péremption, et la DLUO (date limite d'utilisation optimale). C'est pourtant, pour le consommateur, une notion de première importance.

Alors c'est quoi, et comment ces périodes de grâce sont-elles fixées ?

La DLC, une date indiquée généralement après la mention « à consommer jusqu'au… », indique une date relativement proche au-delà de laquelle il peut être dangereux de consommer le produit. C'est le cas de tous les aliments qui se conservent impérativement au frais comme les laitages ou les viandes crues. Ces produits sont très fragiles, car ils contiennent naturellement des microorganismes (bactéries, levures et champignons) et sont des milieux très favorables à leur développement. Ils n'ont pas subi, ou très peu, de traitements permettant d'éliminer ces germes, ou d'empêcher leur croissance. La conservation au froid (en dessous de 4 degrés Celsius) permet seulement de ralentir leur inexorable prolifération, et le risque d'intoxication alimentaire en consommant des produits à DLC dépassée est réel.

Cette DLC est fixée par le producteur, sauf dans le cas particulier du lait cru où elle est imposée par la réglementation. Avec une DLC fixée dans les règles de l'art, théoriquement le consommateur n'a rien à craindre jusqu'à la date fatidique... À condition que la chaîne du froid ait été scrupuleusement respectée. Ce qui n'est pas évident lorsqu'on sait que beaucoup de magasins, notamment de hard discount, par manque de personnel et de chambres froides suffisantes, laissent les produits monter en température trop longtemps sur les quais de déchargements et dans les entrepôts mal isolés.

Et bien entendu à condition que les produits n'aient pas été réétiquetés pour leur donner un ou deux jours de vie supplémentaires, pratique dite de « remballe » encore très courante de nos jours comme en témoigne cette affaire de Langeac, en Haute-Loire, jugée fin février 2014 par le tribunal du Puy-en-Velay.

A contrario, la DLUO, une date précédée de la mention « à consommer de préférence avant... », est une date au-delà de laquelle le produit n'est pas dangereux à la consommation, mais a simplement perdu de ses « qualités spécifiques ». Appréciez la précision du texte. Cela peut vouloir dire moins de goût, ou moins de vitamines, perte de couleur, modification de texture, changement d'odeur...

Les produits concernés sont ceux qui peuvent se conserver longtemps, plusieurs mois ou même années, sans risque d'empoisonnement. Les micro-

## Devinez l'âge du capitaine ?

organismes ont soit tous été éliminés (stérilisation thermique comme l'UHT, ultra haute température, ionisation), ou n'y rencontrent pas les conditions propices à leur développement. C'est le cas par exemple des biscuits secs, pâtes sèches, légumes secs, confiseries, saumures... enfin tout ce qui ne contient pas assez d'humidité, et des produits avec des conservateurs comme de l'alcool, des acides (vinaigres et pickles).... C'est aussi le cas des produits qui ont subi un traitement de stabilisation par le froid (les surgelés).

C'est à l'industriel, en tant que spécialiste du produit, que revient l'insigne honneur de déterminer cette DLUO. Pour cela, il doit, en théorie, réaliser des tests de vieillissement, à température ambiante s'il a le temps, ou en étuve (une enceinte chauffée) pour accélérer les phénomènes de dégradation. Il observe attentivement quelles sont les évolutions de son produit, et au terme de quel délai celui-là aura perdu de ses « qualités spécifiques ».

Vous vous doutez que c'est un art subtil que de définir si un produit s'est « sensiblement » dégradé sur tel ou tel paramètre après deux mois seulement, ou six, douze, plus...

D'autant que, pour simplifier les choses, les distributeurs font généralement pression pour que l'industriel allonge au maximum ses DLUO afin de se laisser plus de temps pour vous fourguer le produit, sans risque qu'il ne se retrouve périmé en rayons ou au fin fond d'une réserve. Et il arrive trop souvent que l'allongement de certaines DLUO soit poussé au-delà du raisonnable.

C'est ce qui se passe même pour la majorité des produits. Par exemple, dans le cas de notre paprika en poudre, nous avons fait les tests les plus rigoureux, qui font ressortir que le paramètre essentiel, la couleur rouge caractéristique de cette épice, fragile, se dégrade sensiblement en six mois à peine. D'un beau rouge nous étions passés à un rouge brique tirant sur le marron. Le goût s'était dégradé également, plus fade, et une note délicate d'huile oxydée était apparue.

En toute logique, la DLUO aurait dû donc être fixée à six mois au maximum à partir de la date de fabrication puisque l'épice avait perdu sa couleur, caractéristique essentielle du produit.

Mais, comme ce produit n'est consommé dans notre pays que très occasionnellement, les flacons en verre de paprika peuvent rester en stock assez longtemps, et les grandes surfaces ont refusé catégoriquement une DLUO aussi courte. Nous avons fait le tour des magasins de la ville, pour vérifier ce que nos concurrents indiquaient avec des produits et des emballages semblables. Sans scrupule, ils avaient tous deux ans de DLUO !

Si nous indiquions six mois, il était évident que nous n'en vendrions pas. Nous avons donc fait comme tout le monde. Bon appétit à celui qui consommera un paprika vieux de deux ans, officiellement bon à la consommation, mais à la couleur ternie et, dans le meilleur des cas, sans aucun goût.

La course à l'échalote pour allonger les DLUO se pratique sur de très nombreux produits. Les rayons sont remplis de produits aux DLUO largement gonflées imposées par les clients que nous, industriels, savons parfaitement trop longues. Mais personne ne trouve à y redire, ce n'est pas dangereux

*Devinez l'âge du capitaine ?*

et les produits sont en général vendus bien avant de l'atteindre.

Cependant, en faisant vos courses, vous tomberez, de temps en temps, sur du paprika plus brun que rouge, du thé aromatisé fade, de la mayonnaise à l'arrière-goût rance, de la moutarde un peu oxydée, du chocolat blanchi... tous ces produits sont pourtant bien loin d'avoir atteint leur DLUO.

Pourtant le pire n'est pas là !

Il peut arriver que des produits dépassent une DLUO même éloignée, ou s'en approchent trop pour pouvoir être vendus. C'est la catastrophe absolue. Aucune issue possible car il faudrait réétiqueter, faire de la remballe, ce qui, en plus d'être interdit, est particulièrement complexe.

C'est un véritable crève-cœur de devoir jeter des produits qui pourraient se vendre sans danger pour le consommateur si cette maudite date était simplement repoussée de quelques semaines ou mois.

Nous avons alors trouvé l'astuce, pour nos produits conditionnés en pots en verre ou en plastique : imprimer la DLUO sur le bouchon !

Quel est l'avantage d'imprimer la DLUO sur le bouchon plutôt que sur le pot lui-même ?

Mais parce qu'il est beaucoup plus facile, et moins cher – mais tout autant interdit –, de remplacer un simple bouchon que le pot avec son étiquette collée. Quelques intérimaires discrets au fond de l'usine, des bouchons tout neufs, et en quelques heures des milliers de pots retrouvent leur jeunesse.

Pratiques marginales ?

Renseignez-vous et vous verrez que, chaque année, des dizaines de commerces, restaurants, ou usines,

*Vous êtes fous d'avaler ça !*

se font taper sur les doigts par la DGCCRF (Direction générale de la concurrence, de la consommation et de la répression des fraudes, service qui dépend du ministère de l'Économie) pour vente de produits périmés, que ce soit des DLC ou des DLUO dépassées.

Et, comme toujours, une infime minorité des fraudeurs est contrôlée et sanctionnée.

Mon conseil pour éviter les problèmes, allant de la simple déception pour les produits concernés par la DLUO, à la sévère diarrhée pour la DLC, choisissez des produits aux dates limites les plus lointaines possibles. Personnellement, je n'achète jamais un aliment s'il a dépassé les deux tiers de sa durée de vie.

Cela dit, si les paupiettes de saumon sauce crème-citron en promo, à leur dernier jour officiel de DLC, vous tentent, c'est vous qui voyez.

# 11

# À malin, malin et demi

Il y a un mot qui revenait sans cesse dans la bouche de mes patrons, et qui aurait pu à lui tout seul résumer parfaitement nos objectifs et l'éthique de la Boîte, presque sa raison d'être. Mon chef de service le crachait entre deux jurons pour stimuler l'équipe, mais il ne faisait que répéter comme un perroquet le laïus de ses chefs à lui, ceux qui roulaient en grosses berlines allemandes immatriculées en Suisse (pour ne pas payer la taxe sur les véhicules de société) et garées au plus près de la porte d'entrée afin d'économiser la semelle de leurs Weston. Ne faisons pas durer le suspense plus longtemps, ce mot magique c'était : malin.

— Il faut être « malin ».
— Soyez plus « malin ».
— On fait du volume et du chiffre parce qu'on est les plus « malins ».

Personnellement, avant d'arriver dans la Boîte, je m'en foutais d'être « malin ». Je trouvais qu'honnête, travailleur, cultivé, ambitieux, enfin tout ça c'était bien. Mais « malin », on m'a vite fait comprendre que c'était mieux.

*Vous êtes fous d'avaler ça !*

Malin, c'est un mot qui cache un concept subtil dont le sens profond peut changer radicalement suivant le contexte et le point de vue. Pratique. Ça permet à deux personnes de s'accorder sur les mots, sans avoir besoin de se retrouver sur les idées. Un gars malin, c'est un débrouillard, un type intelligent qui sait se sortir de situations périlleuses, comme MacGyver, capable de tout réparer avec un bout de fil de fer et un rouleau d'adhésif. Mais ça peut aussi être un quidam rusé, limite bandit.

Et puis, pour être précis, lorsqu'on nous disait d'être « malins », il fallait comprendre « plus malins que les autres ». C'était sous-entendu. Et cela a son importance.

Notre credo pouvait être : « La Boîte, c'est plus malin. » Faire du business dans la limite floue de la légalité était donc naturel, le seul interdit : se faire prendre.

Vous avez déjà compris que pour ne pas se faire prendre il y a un impératif qui est... quelques secondes de suspense pour les plus joueurs d'entre vous... qui est... d'avoir sous le coude des analyses conformes bien sûr !

La règle d'or est la suivante : IL FAUT QUE LES ANALYSES DU PRODUIT SOIENT EN CONFORMITÉ AVEC LES NORMES.

C'est le b.a.-ba du Food business.

Beaucoup de gens pensent que les analyses permettent de tout voir, de tout savoir, comme dans les séries américaines où la police scientifique, avec une rognure d'ongle du petit orteil de la victime, donne le nom de l'assassin, son adresse et son thème

*À malin, malin et demi*

astral. Mais que nenni ! Dans la réalité c'est plus compliqué.

Le document de base, c'est LA NORME qui fixe que tel produit doit avoir x % de truc, y % de machin et z % de bidule. Si l'analyse de votre produit vous donne bien x % de truc, y % de machin et z % de bidule, alors banco, c'est bon.
Le goût ? L'odeur ? La texture ? La qualité nutritionnelle ? Des traces d'éléments non identifiés ? S'il n'y a pas de défauts flagrants, tout le monde s'en moque !
Personne ne cherche plus loin. Pour quoi faire ? Ça coûte cher, c'est plus long et, en général, quand on cherche la merde, on la trouve, et tout le monde s'en prend plein la figure.
Que de la viande de cheval ait pris la place de la viande de bœuf, croyez-vous vraiment que personne ne savait ? Ben voyons. Pendant des années. Des centaines de tonnes... Et personne n'aurait rien remarqué du tout ? C'était pourtant contrôlé, analysé, vendu et consommé. Mais quand on ne veut pas voir...

Le meilleur exemple que j'ai connu, c'est la gelée royale. Rassurez-vous, c'était il y a longtemps, il y a donc prescription, et vous vous doutez bien qu'aujourd'hui ces pratiques n'ont plus cours, bien évidemment... Bien évidemment...
Fabriquée par les abeilles, la gelée royale est un produit extrêmement difficile à recueillir car les quantités disponibles par ruche sont infimes, et la récolter demande beaucoup de travail et de temps. Logiquement, cela justifie un prix élevé. D'autant que la gelée royale est l'exemple parfait du produit

marketing, une illusion qui fait vendre. Très peu (quand il y en a réellement) de marchandise dans le pot, mais le nom écrit en gros avec la promesse (ça ne coûte rien et n'engage que le gogo qui paie) d'un tas de bienfaits invérifiables et d'une vie meilleure, longue et prospère.

Forcément, sur un marché comme celui-là, nous pouvions faire beaucoup de profits avec des risques mesurés, si nous étions « malins ». Des amis chinois nous ont fabriqué un ersatz de gelée royale à base de miel, pollens filtrés, matières grasses végétales, fructose, etc., qui satisfaisait parfaitement aux contrôles basiques de routine. Et comme la gelée royale est un produit très marginal dans les échanges internationaux, très peu de contrôles poussés sont faits par les douanes ou les services sanitaires. Ils ne savent même pas ce que c'est en général, et ont d'autres chats à fouetter.

Rapidement, le marché a été inondé avec de la gelée royale *made in China* qui coûtait le quart du prix normal. Bien entendu, le produit a tout d'abord surpris certains professionnels, le goût, la texture, ce n'était pas tout à fait ça, mais bon, avec les abeilles chinoises c'est peut-être différent, et surtout c'était tellement moins cher. Les analyses basiques étaient parfaitement dans les clous. Alors, quelle importance si le goût n'avait rien à voir avec la gelée royale que nous connaissions ? D'autant que ce produit n'est pratiquement jamais vendu en l'état, mais dilué de manière homéopathique, dans du miel ordinaire, ou bas de gamme, pour mieux le valoriser.

Avouez que c'est trop malin. On a vendu cette gelée royale pendant des années avec d'énormes profits, avant de céder notre branche miel. Je suis

## À malin, malin et demi

certain que plus personne ne fait ça aujourd'hui, non, plus personne. Dormez tranquille, et n'écoutez pas les mauvaises langues qui disent que la Chine exporte aujourd'hui plus de produits de la ruche que ce que leurs abeilles en voie de disparition peuvent produire.

Il faut bien comprendre que l'Analyse est au cœur du Food système. Le bulletin d'analyse est LE document censé prouver que l'entreprise respecte ses obligations de contrôle et de sécurité. En cas de problème, vous avez intérêt à avoir sous le coude une analyse qui montre que vous avez réalisé tous les contrôles de base, que vous êtes une société responsable. Bien sûr, si malheureusement la fraude n'est pas détectable par ces analyses de base, vous vous rangerez dans les rangs des victimes...

Prenons, par nécessité pédagogique, l'exemple farfelu purement imaginaire d'une filière partant d'un cheval pour aboutir à un plat de lasagne au bœuf. La magie n'existant pas dans l'industrie, c'est donc qu'il y a fraude quelque part, entre le pré où gambadait ledit cheval et le congélateur du supermarché bourré de ces délicieux plats préparés. Mais cela est-il possible avec tous les contrôles dans la chaîne de production ?

C'est assez simple en fait et les ingrédients sont les suivants :

1 - Une chaîne longue. Plus il y a d'intervenants et de frontières, mieux c'est. Les documents sont dans des langues différentes et les services sanitaires, vétérinaires, les fraudes, les douanes... ne peuvent agir que dans leurs pays respectifs. Les administrations

nationales ont du mal à se coordonner de part et d'autre des frontières.

2 - Des documents pas trop précis, difficilement lisibles, avec par exemple des produits désignés par des codes propres aux entreprises. C'est un peu comme inventer sa propre langue afin que personne d'autre que vous ne s'y retrouve. On indiquera « article VDN52125 » au lieu de « viande de cheval » alors que la « viande de bœuf » sera l'« article VDN52135 »... et comme personne n'est à l'abri d'une petite erreur de frappe...

3 - Des analyses biaisées. Les analyses sont censées verrouiller le système en prouvant de manière scientifique que le produit est sain et correspond bien à l'étiquetage. Mais on trouve quoi dans les analyses de base sur les viandes ? La teneur en protéines, l'humidité, le taux de gras. Rien qui garantisse formellement l'espèce. Alors un professionnel malin saura parfaitement quelle viande de cheval choisir pour que les analyses de routine cadrent avec celles d'une viande de bœuf.

4 - Si on veut peaufiner, l'idéal serait de vendre des petits morceaux, des chutes ou, mieux, de tout broyer. Rien de telle que la viande hachée, ou le fameux minerai de viande ! De cette manière, il est très facile d'ajuster le taux de gras et de rendre invisibles les différences de structure et de couleur des viandes.

Bien entendu, il faudrait dans la chaîne au moins un vrai fraudeur. Un gars qui achèterait sciemment du cheval et le revendrait en tant que bœuf. Mais croyez-vous que ses clients, industriels qui traitent depuis des années des volumes importants, qui

## À malin, malin et demi

emploient des spécialistes des viandes, qui disposent de services qualité faisant analyser des centaines de lots, n'y verraient que du feu ? C'est tout simplement impossible, pas crédible une seule seconde !

Les spécialistes, comme moi, connaissent parfaitement les prix de marché des produits qu'ils achètent et savent qu'il faut se méfier des lots et des fournisseurs pas chers. Ils discutent entre eux lors des salons et dans les organisations professionnelles, et les entreprises susceptibles de se laisser aller à des manœuvres illicites sont connues. On ne tombe pas dans la délinquance du jour au lendemain, il faut des prédispositions, et il y a des entreprises, comme des quidams, à mauvaise réputation.

Un test de traçabilité sérieux, en suivant un lot précis d'un intervenant à l'autre dévoilerait le pot aux roses immédiatement. Enfin un test de contrôle génétique, fiable et de moins en moins cher, de temps en temps sécuriserait véritablement le tout... Encore faut-il en avoir vraiment envie.

# 12

# Des maisons pour les Schtroumpfs

Il n'est pas rare, avec les produits alimentaires fragiles, que certaines caractéristiques mineures, comme l'aspect, le goût ou l'odeur, soient altérées. Ça arrive même tout le temps. C'est malheureux, généralement involontaire, mais le produit se retrouve être moins attirant, un peu comme une Miss Monde qui serait affublée de quelques poils disgracieux dépassant du décolleté et qui viendrait juste de grignoter une tartine de Boursin à l'ail. On ne peut pas dire que ces défauts soient gravissimes, mais l'image idéale qu'on se faisait de la dame s'en trouverait fortement dégradée. Dans un cas comme celui-là, de simples artifices tels un pull à col roulé et un spray à la menthe redonnent à la beauté tout son lustre. Les défauts ne sont pas éliminés, ils sont justes cachés, habilement maquillés. Pour les aliments, c'est simple, il suffit de faire la même chose. On ne s'en prive pas.

La première fois que j'ai dû m'occuper d'une « presque-Miss Monde », c'était lors de mon tout premier jour de travail en qualité de trader, ou « acheteur-négoce » comme indiqué alors sur mon bulletin de salaire. Mon nouveau boss m'avait rapidement présenté à l'équipe et installé à un bureau sur lequel reposait un unique et volumineux dossier orange.

— Tu lis ça, et tu me proposes des solutions, m'avait-il dit en me montrant le dossier d'un index impérieux, et avant d'ajouter : t'es ingénieur, ça devrait être facile pour toi. On se voit dans une heure.

Avant que je n'aie eu le temps de lui demander quoi que ce soit, il était sorti en trombe de la pièce, vaste open-space occupé par huit bureaux du même modèle avec chaises et lampes assorties. Le mien, avais-je compris, était situé juste à côté du sien, à sa droite. Face à nous, deux assistantes et, à l'autre bout de la salle, un pôle de trois acheteurs-négoce, avec une assistante. Tout le monde était au téléphone. On négociait ferme, on s'engueulait, on se congratulait dans un brouhaha continuel en anglais, espagnol ou italien. Une ambiance de salle de marché.

J'ai ouvert la grosse chemise cartonnée orange. Elle était remplie d'un tas de documents, la plupart en anglais. À première vue, rien de compliqué, on nous proposait d'acheter des champignons de Paris surgelés. Circuit court, simple : cultivés et surgelés en Chine, importés par une société hollandaise, et actuellement stockés à Rotterdam. Cinq containers en tout, soit 80 tonnes conditionnées en cartons de 10 kilos. Les documents étaient parfaits ; facture, certificat d'origine, analyses, tout était en ordre. La marchandise était dédouanée CEE et pouvait donc être transportée et vendue n'importe où en Europe sans autres formalités.

*Des maisons pour les Schtroumpfs*

Un courriel précisait que le vendeur était prêt à nous accorder une ristourne de... 80 % ! Soit les cinq containers pour le prix d'un seul !
Je ne voyais vraiment pas le problème. Avec un prix pareil, on revendrait facilement cette marchandise, et avec une très bonne marge. Le vendeur devait être pris à la gorge ; graves problèmes financiers, ou surstocks importants, pour consentir pareille remise. J'ouvris alors une petite enveloppe qui contenait quelques clichés... et tout s'éclaira. J'étais assis, heureusement.
Les photos montraient des cartons ouverts et les champignons qu'ils contenaient. Bleus, ils étaient bleus !
Certains n'avaient que des taches, comme s'ils avaient été éclaboussés par de l'encre diluée, d'autres avaient des auréoles irrégulières autour du chapeau, d'autres encore étaient presque entièrement bleus, un bleu assez beau d'ailleurs, tirant sur le turquoise. Il était évident que personne ne voudrait acheter, et encore moins consommer, des champignons de Paris avec une couleur aussi singulière.

— Tu travailles sur les Schtroumpfs ?
Je relevai la tête.
— Pardon ?
— Les champignons bleus ! insista une des deux assistantes qui s'était approchée et me regardait avec bienveillance à travers des verres à double foyer. C'est Van Wrinjk, un Hollandais, qui veut nous les refourguer. Il s'est fait enfler par un de ses fournisseurs chinois, m'expliqua-t-elle sur le ton de la confidence. Il ne sait pas quoi faire de sa marchandise,

et il a peur qu'en cas de contrôle des services sanitaires il doive la faire détruire à ses frais.

— Ben, c'est pas surprenant, qui achèterait des champignons bleus ?

— Ben, justement, c'est à toi de trouver qui, répondit-elle très sérieusement. On a pensé à des fabricants de soupe, mais ces gens-là ne prennent que des sous-produits et c'est tout juste s'il ne faut pas leur donner la marchandise. Mais on a tous les contacts, tu pourras les appeler si tu veux.

— Mais d'où elle vient cette couleur ?

— On ne sait pas. Seul le producteur chinois pourrait nous le dire ; quel produit il a ajouté, ou quel procédé il a utilisé, mais il fait le mort depuis que Van Wrinjk lui réclame un dédommagement. De toute façon, avec les Chinois, quand c'est payé c'est trop tard, il n'y a plus rien à faire. Réclamer ne sert à rien et personne ne fait de procès à des Chinois, on est sûr de perdre son temps et son argent.

— Alors le nouveau, des idées ? lança mon boss en déboulant dans le bureau.

— Ben, comme vous y avez pensé on pourrait en faire des potages. La coloration semble superficielle, et devrait s'atténuer une fois les champignons broyés. Il y a peut-être un risque de colorer légèrement la soupe... Mais en ajoutant un autre colorant... du curry, ou du curcuma...

— Ça ne vaut pas le coup, répondit-il avec une grimace dégoûtée assez effrayante. Les sauciers et les fabricants de soupe sont des crève-la-faim, ils vont nous voir arriver et voudront la came pour rien. Il n'y a rien à gagner avec eux. Autant ne pas faire l'affaire.

## Des maisons pour les Schtroumpfs

— Et puis on ne sait pas quel produit a donné cette couleur, fis-je remarquer.
— Qu'est-ce que ça peut foutre ? s'exclama-t-il avec un regard profondément offusqué, comme si je venais de dire une grossièreté. Je te demande pas de les bouffer ces champignons, juste de les vendre !
— Mais, si c'était dangereux ?
— Regarde les analyses dans le dossier, elles sont parfaites. Rien ne dit que ce n'est pas consommable.
— Oui, j'ai bien vu, mais ce ne sont que des analyses de routine, personne n'a vraiment cherché ce qui clochait, insistai-je.
— Et alors ? Tu connais la règle des responsabilités, t'as appris ça à l'école. D'une, t'es pas le fabricant, et de deux, t'es pas non plus l'importateur. S'il y a un problème, ce sera pour leur pomme, c'est légalement leur responsabilité, pas la nôtre. On n'est qu'un simple intermédiaire. Je me fous de tes états d'âme, je te demande simplement de trouver un moyen pour faire disparaître cette coloration afin qu'on puisse les vendre.
— On pourrait peut-être en faire une purée ? Pour des fabricants de plats cuisinés... tentai-je sans grande conviction.
— Non, répondit-il le regard lointain en se grattant le menton, j'ai déjà contacté des clients belges qui font des purées de légumes, mais il n'y a pas de marché pour de la purée de champignons de Paris. Ça n'intéresse personne. L'idéal serait de les garder entiers, on les valoriserait mieux.
— Et si on les faisait frire ? Cuits ils auront peut-être une couleur dorée qui masquera le bleu ?
— Non, reprit-il après quelques secondes de réflexion. Les Chinois ont gavé les champignons de

flotte. Si on les fait frire, ils vont se ratatiner et on va trop perdre en poids. Et puis c'est pas sûr du tout que le bleu disparaisse à la cuisson.

— En sauce ou dans une farce ? proposai-je.

— Non, grogna-t-il, je viens de te dire qu'on peut pas les chauffer, sinon ils vont pisser l'eau.

— Ben, si on doit les utiliser à froid alors pourquoi pas un enrobage en baratte ?

— Explique.

— Sans les dégeler, on les enrobe par aspersion à froid d'une sauce épaisse, d'une pâte, ou d'une panure. Le tout sera congelé à la fin, comme un beignet.

— Comme ça, on ne verra plus du tout la couleur et on garde toute l'eau à l'intérieur, commenta mon boss avec un léger rictus trahissant une profonde joie intérieure, un peu comme un croyant face à l'apparition de la Vierge.

— Oui, et l'enrobage va augmenter le poids à moindres frais. Une pâte à frire à base de farine, huile et eau ne coûte presque rien. Mais je ne sais pas trop qui voudra acheter des champignons de Paris panés.

— T'inquiète, me rassura-t-il, tout se vend, c'est juste une question de prix. OK, on y va comme ça.

En une matinée, et en quelques coups de fil, les champignons changèrent de propriétaire. Van Wrinjk paya même le transport trop heureux de se débarrasser d'une marchandise aussi problématique. Le produit fut envoyé dans une usine en France pour y être pané et conditionné dans de jolis sachets plastique imprimés, et finalement revendu avec une

## Des maisons pour les Schtroumpfs

bonne marge à un groupement de supermarchés indépendants ravis de faire une aussi bonne affaire. Mes sentiments étaient pourtant partagés. J'étais satisfait d'avoir fait mon travail en apportant une solution à un problème que rencontrait mon entreprise. Mais, dans le même temps, je m'étais parfaitement rendu compte que la Boîte ne s'embarrassait pas de considérations éthiques dans le business, et que seule la fin, le profit à court terme, justifiait les moyens. Quid de la qualité que m'avaient enseignée mes parents et professeurs ? Elle n'était visiblement pas la priorité ici.

J'évoluais dans deux mondes incompatibles. D'un côté, il y avait mon travail ; la Boîte, mon boss et leur absence de valeurs et, de l'autre, la vie « normale », ma famille, mes amis bobos et tous ces discours ambiants, lisses et bien pensants. Deux univers cloisonnés avec, pour chacun, ses règles et ses valeurs, incapables de se comprendre.

Je n'ai pas revu souvent de champignons de Paris bleus par la suite, en revanche j'ai croisé assez régulièrement des lots qui avaient tourné à la suite d'une panne de compresseur frigorifique, étaient oxydés, plus marron que blancs, voire totalement noircis. C'est également arrivé avec d'autres légumes, choux-fleurs, brocolis ou poivrons par exemple. Dans ce cas, l'enrobage à froid reste la meilleure solution que nous ayons trouvée, et les beignets de légumes se vendent très bien en Hollande.

Vous devez penser que l'enrobage est un pis-aller pour minimiser nos pertes, et que recevoir un container frigorifique de Chine, rempli de champignons de Paris surgelés, dont le compresseur a eu des problèmes lors du transport est une catastrophe pour l'acheteur. Erreur ! Cette panne est une bénédiction tout au contraire.

Pourquoi ?

Mais grâce aux assurances, qui vous rembourseront la valeur de la marchandise abîmée bien sûr. Car le transport est toujours assuré ! En cas d'avarie lors du transport, et repérée à l'arrivée d'un container ou d'un camion, un « expert » de la compagnie d'assurances viendra constater les dégâts. En ouvrant le container et en déballant quelques cartons, il ne pourra que valider avec vous (important d'être présent pour bien lui expliquer l'ampleur de la catastrophe) que le lot est inutilisable, bon pour la poubelle. Vous n'aurez alors qu'à prendre le chèque en promettant, bien entendu, de détruire le lot en question...

Ah, une dernière chose, si quelqu'un sait ce qui a bien pu donner cette belle couleur bleue aux champignons, qu'il m'écrive, je ne voudrais pas mourir idiot.

# 13

# Piquantes histoires de fèces

Il peut arriver, surtout quand on importe des produits de pays où l'hygiène et la culture de la qualité laissent à désirer, que Miss Monde ait des défauts qui ne soient pas simplement de nature esthétique.

— On a un problème, m'annonça mon boss d'une mine déconfite un matin à mon arrivée au bureau. On s'est fait enfler par un Indien sur un lot de piment.

— Quel est le problème exactement, chef ?

— Ça, me dit-il en faisant rouler dans le creux de ma main une dizaine de grosses graines noires, allongées, friables, d'un bon centimètre de long.

— C'est quoi ces graines ?

— C'est pas des graines, c'est des crottes.

— Des crottes ?

— On a 100 tonnes de piment flakes (comprendre piment séché en brisures) qui ont été mal stockées à l'origine (comprendre chez le fournisseur indien), m'expliqua-t-il. Les rats et les souris s'en sont donnés à cœur joie. En plus de quelques cadavres de rongeurs desséchés, on a retrouvé des poils et des crottes un peu partout, une véritable catastrophe.

*Vous êtes fous d'avaler ça !*

— Tu veux dire que les rats ont souillé les sacs ? demandai-je en lui rendant ses précieuses crottes.
— Non, c'est la marchandise qui est dans les sacs qui est pleine de crottes de rat.
— Mais comment c'est possible ?
— C'est cet enfoiré d'Indien, il nous a vendu un lot pourri qu'il a acheté au rabais. On n'a pas été assez prudent, J'AI pas été assez prudent. Après quelques affaires qui se sont bien passées, on a fait confiance, on a payé trop rapidement, et maintenant on a 100 tonnes de cette merde sur les bras.

Je comprenais maintenant mieux son inquiétude. À la différence des champignons bleus, qu'on n'aurait finalement pas achetés si l'on n'avait pas trouvé de solution satisfaisante, dans le cas du piment l'affaire était faite. Nous étions tout bonnement piégés, ce qui mettait mon patron en rogne, et la marchandise, payée par nous, attendait sagement dans nos entrepôts.

Et il ne fallait pas compter sur l'assurance pour nous sauver la mise cette fois-ci, la compagnie ne voulait rien savoir. Il n'y avait pas eu d'avarie lors du transport, pas d'accident, et les lots volontairement daubés envoyés par un vendeur indélicat n'étaient pas couverts. On était assurés contre les accidents, pas contre les escroqueries. Monde de brutes.

Il fallait impérativement trouver quelque chose pour ne pas devoir tout mettre à la poubelle, ce qui nous aurait coûté le prix de la marchandise, majoré de frais de transport et de destruction considérables.

— On peut pas les enlever ces crottes ? risquai-je prudemment.

— On a déjà tamisé et ventilé tout le lot. L'usine a travaillé dessus une semaine complète. Les poils c'est OK, ils sont légers et on a presque tout enlevé. Mais les crottes ont la même taille et la même densité que les graines et que les gros morceaux de piment. Impossible de les retirer. Même si on les passait dix fois en usine et que la moitié du lot finisse à la benne, il en resterait encore.

— Alors si on peut pas les enlever, c'est mort.

Il me regarda avec des yeux ronds, comme si je venais de blasphémer sur le Cac 40 ou de cracher sur le président du Medef.

— Tu crois qu'on te paie pour baisser les bras au moindre petit problème ? attaqua-t-il. Tu vas te creuser les méninges. Il me faut une solution. Hors de question de jeter 80 000 euros de came.

— Mais, qu'est-ce qu'on peut faire du lot si on ne peut pas enlever ces crottes de rat ? On ne va quand même pas les faire manger aux consommateurs ?

— Les crottes, c'est quoi ? me demanda-t-il en plongeant brusquement son regard au plus profond du mien, la voix soudainement adoucie.

— Ben...

Là, c'est vrai, la question me laissa un peu pantois, et la repartie me manqua.

— Y a pas de « ben », c'est une « matière étrangère », c'est tout.

Puis, il ajouta d'un ton saccadé en articulant lentement chaque syllabe, comme s'il me dictait le premier des dix commandements :

— « Tout ce qui n'est pas à proprement parler du piment est une matière étrangère », c'est pas plus compliqué. Et si tu regardes dans le cahier des charges, on a droit à une tolérance de 0,5 %. Voilà comment il faut raisonner.

Sa logique était imparable. Ça, c'était un vrai chef qui ne se laissait pas abattre et faisait face à l'adversité avec force et courage. Il avait techniquement raison. Nos cahiers des charges ne mentionnaient pas clairement les crottes d'animaux et, dans le négoce de matières premières, il existe une tolérance pour des contaminations de toute façon inévitables ; brisures de végétaux, poussières, graines étrangères, fragments d'insectes...

— OK, OK, repris-je. J'ai compris, on ne parle plus de crottes ni de poils, mais de matières étrangères. Mais on ne peut pas laisser le produit comme ça. Les crottes sont trop visibles, tout le monde va nous le retourner ce piment.

— Je sais, j'y ai bien réfléchi. Si on broyait l'ensemble pour en faire du piment en poudre ? proposa-t-il.

— En théorie, c'est tout à fait possible. Mais il faudrait d'abord procéder à un traitement thermique pour bien sécher le tout et surtout décontaminer. Je sais pas ce que les crottes de rats indiens contiennent, mais faudrait pas qu'on retrouve des bactéries pathogènes comme des salmonelles ou des coliformes dans notre piment. N'importe quelle analyse de routine les retrouverait et malheur à nous si on empoisonnait un client.

— Ça va coûter combien ? s'inquiéta-t-il avec pragmatisme.

*Piquantes histoires de fèces*

— Vingt centimes le kilo environ, transport, pertes et conditionnement compris. Peut-être moins vu que le lot est important.

— OK pour le traitement thermique, et après ?

— Ensuite on broie le tout. Le plus fin possible ; 80, 100 ou même 120 mesh[1]. À 120 mesh, les particules auront une taille inférieure au dixième de millimètre. Comme ça, on atomise les crottes, on les fait disparaître, et même les poils qui pourraient rester. Mais le problème, ajoutai-je, c'est qu'on va certainement dépasser les tolérances en matières étrangères.

— Mouais, et ça se verra à l'analyse... Sauf si on dilue, lança-t-il une lueur d'espoir dans les yeux.

— Oui, bien vu, il faudra analyser le lot après fabrication et, si on est trop élevé en matières étrangères, mélanger avec un lot de piment en poudre de bonne qualité.

— Tu as carte blanche. Fais-moi disparaître cette merde. Séchage, broyage, mélange, tu te charges de tout.

Trouver une entreprise pas trop regardante pour broyer très fin mon piment, ses poils, et ses crottes, ne me demanda pas plus d'une heure. Rien n'est vraiment difficile avec un bon carnet d'adresses. En revanche, comme je le craignais, le taux de matières étrangères monta au-dessus du raisonnable, totalement hors normes pour tout dire. Nous ne pouvions

---

1. Le mesh est une convention américaine de mesure de maille des tamis. Plus la valeur en mesh est élevée, plus les mailles sont serrées et plus la poudre devra être fine pour passer à travers.

donc utiliser ce lot que mélangé à raison de 25 % à un produit de bonne qualité. Écouler la totalité nous demanda presque une année.

J'aimerais vous dire que cette opération de « nettoyage » est un cas isolé, qui ne s'est jamais reproduit ensuite, et qu'une telle manipulation est impossible aujourd'hui, mais il nous est arrivé à de très nombreuses reprises de recevoir des lots d'épices de Turquie ou d'Égypte contenant des fientes d'oiseaux, du poivre d'Inde ou de Chine avec ces mêmes crottes de rat et de souris, des mégots de cigarettes et divers déchets. Certains lots que nous avions refusé d'acheter tant ils étaient pollués nous ont même été reproposés par des vendeurs indiens, chinois ou autres, une fois broyés, traités et dilués pour être conformes aux normes…

Personnellement, je ne consomme plus de piment en poudre depuis. Ni aucune autre épice en poudre d'ailleurs.

## 14

## Rouge comme une tomate ?

Pour ceux d'entre vous qui ne connaissent pas le Xinjiang, je peux juste vous dire que vous avez de la chance car c'est sûrement le coin le plus moche de toute la Chine. Le genre d'endroit qui pousse à la nostalgie et au suicide.

La région, à plus de trois mille kilomètres de Pékin, tout près de la Mongolie et du Kazakhstan, est une immense plaine poussiéreuse qui s'étend à perte de vue et dont la monotonie n'est interrompue de temps en temps que par un village sale ou une usine sinistre crachant de larges panaches de fumée blanche. C'est pour ces usines que la région m'intéresse. La tomate d'industrie, c'est au Xinjiang que ça se passe.

Lors de la récolte de tomates, de fin juillet à fin septembre, des norias de vieux camions font d'incessants trajets entre les usines et les champs. La région produit annuellement plus de 5 millions de tonnes de tomates destinées à la transformation et à l'export. Les Chinois consomment peu de concentré de tomates : pizza ou lasagnes au cheval ne sont pas encore dans leurs habitudes, même si cela change vite.

*Vous êtes fous d'avaler ça !*

Les nombreuses usines qui parsèment la campagne appartiennent à trois conglomérats contrôlés par l'État chinois et l'Armée populaire. Wang, le responsable de notre bureau chinois, m'avait expliqué que, à l'époque des tensions avec l'Union soviétique, trois millions de soldats ont été parqués dans cette région désertique, avec pour mission de sécuriser la frontière. Lorsque les risques de conflits se sont éloignés, l'État « démocratique » chinois a jugé plus utile d'affecter les troufions au développement de la région plutôt que les renvoyer chômer chez eux. C'est comme ça que des régiments entiers, au sens littéral, cultivent, transportent et transforment la tomate pour le bénéfice de quelques généraux et cadres du Parti communiste corrompus (excusez le pléonasme).

Il y a quelques années, j'achetais pour la Boîte du concentré de tomates de France, d'Italie ou d'Espagne, mais les Chinois sont arrivés et ont fait main basse sur tous les marchés, avec des produits de basse qualité, certes, mais avec des prix tellement inférieurs. Eh oui, encore.

Il ne faut pas se leurrer. Les Chinois savent parfaitement compter, mais, au pays de Mao, le prix de revient ne compte pas. La Chine est une dictature avec une économie dirigée et le prix n'a pas d'importance. Le but premier est de faire entrer des devises et accessoirement de donner du travail à une population qui augmente de dix millions de personnes par an. Vous voyez bien que, avec nos quelque six millions de chômeurs et assimilés, nous sommes ridicules.

*Rouge comme une tomate ?*

La stratégie chinoise est simple : d'abord cibler les marchés mondiaux nécessitant une main-d'œuvre importante, ensuite prendre comme référence le prix mondial et offrir un produit équivalent entre 10 et 20 % moins cher. Qui peut résister à une telle offre ? Simple, facile et efficace.

La Chine a ainsi inondé la planète de champignons de Paris en boîtes, concentrés de tomates, asperges en conserve, ail, jus de pomme, poires en conserve, haricots verts surgelés, choux-fleurs, cèpes et morilles... Autant de produits que les Chinois ne consomment pas, ou peu.

Je ne cite que les produits alimentaires, mais c'est pareil pour tous les produits manufacturés, des montres aux tee-shirts en passant par les médicaments ; un unique objectif : exporter et faire entrer des devises.

On peut se dire que c'est finalement la loi du marché, la libre concurrence saine et loyale, sauf que, dans le cas de notre concentré de tomates du Xinjiang, les employés-soldats sont payés (fort mal) par l'État et que le transport sur trois mille kilomètres, de la zone de production jusqu'au port, est lui aussi pris en charge par l'État et n'est pas pris en compte dans les coûts de revient. De toute façon, je le répète, tout cela n'a aucune importance : le prix chinois c'est le prix mondial moins 20 % !

Les Chinois peuvent ensuite, avec les devises accumulées, acheter les entreprises européennes moribondes qui, bien sûr, ne peuvent pas lutter contre ce dumping parfaitement organisé. C'est de cette manière que le leader français du concentré de tomates, Le Cabanon, a été racheté en 2004 par

*Vous êtes fous d'avaler ça !*

Xinjiang Chalkis Co. Ltd, entreprise dirigée par le général Liu Yi, dont le siège est à Ouroumtsi, capitale de la province.

Pour ma boîte, que le produit soit chinois ou français ne change rien. On fait des affaires et du profit quelle que soit l'origine du produit. Nos clients aussi, industriels et supermarchés, seuls comptent le prix et une qualité qui soit visuellement acceptable. Et c'est justement notre problème du moment.

Depuis quelques semaines, on reçoit des containers entiers de fûts de 220 kilos que mon boss qualifie de « merde », quand ce n'est pas « grosse merde », enfin pas terrible, quoi. Le concentré est plus brun que rouge, avec un goût surprenant, entre la tomate moisie et le ketchup brûlé. Au microscope, c'est plein de traces de levures et de moisissures avec des points noirs dont l'origine n'est pas clairement identifiée. Il est clair que c'est un concentré qui a été fait avec des tomates moisies et chauffé au maximum pour éliminer le plus possible de traces. Malheureusement, la couleur et le goût s'en prennent un coup dans les dents. De plus, certains fûts gonflent à cause d'une fermentation interne du concentré, et finissent par exploser en projetant dans l'entrepôt des jets sanguinolents des plus artistiques. Si bien que les manutentionnaires refusent de manipuler ces fûts de crainte qu'ils ne leur explosent à la figure ou de se faire décapiter par l'expulsion d'un couvercle de métal.

Comprenons-nous bien : ce n'est pas parce que la marchandise est de mauvaise qualité que nous sommes mécontents. Ce qui nous empêche de dor-

*Rouge comme une tomate ?*

mir, c'est d'avoir payé trop cher ! Car, même pour ces concentrés de tomates pourries, il y a un prix de marché et un débouché. Ou plus exactement un prix et des marchés ; mais patience.

Notre « partenaire » chinois est un des trois gros conglomérats. On est reçus par une brochette importante de responsables, au moins une dizaine, le directeur de l'usine, le directeur de la production, le responsable commercial, le responsable export, le responsable qualité, le responsable des cultures, de la logistique, et d'autres irresponsables d'un peu tout et d'un peu rien. Tout le monde est d'une politesse parfaite, on se serre la main, on se remercie qui de l'accueil, qui de la bonne idée d'être passé dire bonjour, et tout ce petit monde part en visite d'une usine modèle.

Les installations sont impressionnantes : une usine entièrement pilotée par ordinateur et du matériel italien Rossi Catelli tout Inox de dernière génération. De quoi traiter sans problème 50 000 tonnes de tomates fraîches en moins de deux mois, le temps que dure la récolte. Wang m'explique que les usines ont été équipées par des industriels italiens qui se font payer en concentré, un genre de troc moderne qui arrange tout le monde.

Bien entendu les tomates fraîches qui sont livrées ici sont parfaites, et le produit qui en sort est de belle et bonne qualité, rien à voir avec le caca brun qu'ils nous ont envoyé ces dernières semaines.

La discussion qui suit se fait en comité beaucoup plus restreint ; le directeur export, le responsable de notre dossier à qui nous achetons les lots, Wang et moi. Je commence par disposer sur la table une dizaine de magnifiques photos. Sur certaines, on voit des fûts à leur marque explosés, et des traces de giclées couleur sang séché sur les murs, sur d'autres, les fûts sont déformés comme des montgolfières juste avant l'explosion, et enfin sur les dernières, des fûts ouverts de concentré bien rouge et d'autres bruns sont pris côte à côte pour bien montrer le contraste.

Je reste silencieux un moment pour permettre à mes hôtes d'apprécier mes talents de photographe. Ils discutent entre eux en chinois, gentiment comme si tout cela, au fond, était dans l'ordre naturel des choses.

— Qu'en pensez-vous ? dis-je en anglais en regardant le directeur droit dans les yeux.

— Vous n'avez pas eu de chance avec ce lot, il devait partir pour l'Afrique, et nous l'avons envoyé en Europe par erreur. C'est regrettable.

— Dans ce cas, je vous demande de nous rembourser tous les fûts explosés et une compensation de 0,40 dollar US le kilo pour le reste, pour couvrir nos frais.

— D'accord pour les fûts qui ont gonflé, mais 40 cents, ce n'est pas possible. Nous perdons déjà beaucoup d'argent avec cette affaire.

Ah, le fameux « nous perdons déjà beaucoup d'argent ». Cela sonne tellement faux. Combien de fois l'ai-je entendu ? Des dizaines ? Plus ? C'est comme si celui qui vous sortait cette énormité avouait carrément se faire un tas de pognon en vous escroquant.

— Dans ce cas, dis-je calmement et avec le sourire, vous me remboursez et vous récupérez la marchandise pour l'envoyer en Afrique. Mais je ne suis

*Rouge comme une tomate ?*

pas certain que vous en tiriez un meilleur prix, même là-bas.

Je les laisse discuter tranquillement en chinois tout en sirotant un thé vert certainement plus riche en pesticides qu'en goût. Il n'y a aucune animosité entre nous. Il était clair pour tout le monde qu'un accord favorable à tous serait vite trouvé.

— On fait 20 cents, propose calmement le directeur.

— Trente, et pour vous montrer notre bonne volonté on vous prend 500 tonnes de plus de cette qualité à ce prix.

Je sais que la proposition va les intéresser. S'ils font le forcing pour me livrer leur concentré marron, c'est qu'ils en ont plein leurs entrepôts.

Nouvelles discussions en chinois. Le directeur me lance des coups d'œil de temps en temps pour être certain que je ne plaisante pas.

— D'accord, mais vous prenez 1 000 tonnes, lance-t-il finalement.

Je garde le silence quelques secondes pour faire celui qui réfléchit. Je fronce les sourcils pour montrer que ce n'est pas une décision facile, je regarde le sol, le plafond. J'essaie de faire le gars embêté. Mais comme de toute façon je veux ces 1 000 tonnes et que j'aurais accepté 20 cents, je donne mon accord.

— OK pour 30 cents de moins au kilo, 500 tonnes tout de suite et 500 tonnes à prendre dans les six mois.

On se serre la main, tout le monde est ravi de l'accord que nous venons de négocier. Le commerce international, ce n'est pas plus compliqué.

*Vous êtes fous d'avaler ça !*

Ma mission ici est terminée, j'écourte ma visite et on reprend la route avec Wang, direction l'aéroport.

Après quelques kilomètres, on passe devant une autre usine du groupe. Une longue file d'au moins trente ou quarante camions-bennes chargés à ras bord de tomates fraîches se pressent devant les grilles fermées de l'usine. Les moteurs sont à l'arrêt et les chauffeurs discutent, assis ou allongés à l'ombre des véhicules. On s'arrête et Wang engage la conversation avec eux.

L'odeur de fruits aigres est très forte et je vois des filets jaune clair de jus de tomates dégouliner par les interstices des bennes de métal et se répandre en larges flaques sur le sol poussiéreux. Au bout de quelques minutes, on reprend la route et il m'explique :

— Cette usine a beaucoup de problèmes, il y a tout le temps des pannes. Les chauffeurs doivent attendre des heures avant de décharger. En plein soleil, dans des bennes métalliques chargées à 20 tonnes, les tomates fermentent.

Je sais maintenant d'où il vient mon concentré marron de tomates pourries.

# 15
# Le pays où coulent le lait mélaminé et le miel frelaté

Chaque matin, je participe activement, avec quelques millions de Français, à un rituel instauré dans des temps anciens mais toujours d'actualité : les « bouchons ». Ainsi me faut-il plus d'une heure pour me rendre à mon bureau. Alors, pour passer le temps, j'écoute distraitement la radio ; Rires et Chansons ou France Info, suivant l'humeur du jour.

*Nous sommes le 18 mai 2013, vous écoutez France Info... Les consommateurs français seraient surpris d'apprendre que plus de 10 % du miel commercialisé en France aujourd'hui est frauduleux...*

Tiens, 10 % seulement ? Perso, j'aurais dit plus, c'est qu'ils n'ont pas tout vu.

*...selon une récente enquête du CETAM (Centre d'études techniques apicoles de Moselle) qui a analysé des centaines d'échantillons dans toute la France...*

Ah, je ne connais pas cet organisme. Il a pourtant l'air moins nul que les autres.

*… au moins un pot sur dix est trafiqué ! Aujourd'hui, dans votre supermarché préféré… Selon l'enquête, ce miel frauduleux proviendrait essentiellement de Chine…*

Oh, quelle révélation !

Mai 2013, ça ne date pas de l'homme de Cro-Magnon, et plus de 10 %, qui soutiendra que c'est anecdotique ?

Et encore, selon une étude de *Que choisir* en septembre 2014, utilisant les méthodes d'analyse les plus modernes, et reprise par *Le Canard enchaîné* du mercredi 1er octobre 2014, c'est en réalité au minimum 30 % des pots de miel qui sont trafiqués.

Ce « miel » de Chine, je le connais bien. J'en ai importé des dizaines de containers, des milliers de tonnes conditionnées en fûts métalliques de 200 kilos. Et pas seulement de Chine, du Vietnam aussi, de Bulgarie, de Turquie et d'autres pays dits à bas coûts.

Si on importe beaucoup de ces pays, beaucoup plus même que ce que l'on y produit réellement, c'est uniquement à cause du prix. On pourrait encourager la production locale ou s'orienter vers des origines plus qualitatives ; on trouve beaucoup mieux en Australie ou en Nouvelle-Zélande, en Amérique centrale ou en Amérique du Sud, mais c'est plus cher. Eh oui, surprise, la qualité se paie !

Pourtant, en Chine comme ailleurs les abeilles disparaissent, et peut-être même en Chine plus qu'ailleurs, à cause de niveaux de pollution catas-

*Le pays où coulent le lait mélaminé et le miel frelaté*

trophiques et l'utilisation massive de pesticides. Pour preuve, un article du 23 avril 2014 du journal *Le Monde* intitulé « Dans le Sichuan, des "hommes-abeilles" pollinisent à la main les vergers », explique très bien comment, à la suite de la disparition des abeilles, les paysans de la région doivent faire le travail des insectes qu'ils ont exterminés. Juchés sur les branches de leurs pommiers, ils sont armés de bâtons au bout desquels sont fixés des filtres de cigarette ou des pointes de stylos-feutres scolaires. À l'aide de cet instrument rudimentaire, ils déposent machinalement sur les fleurs, qui plus tard donneront les fruits, le pollen qu'ils ont auparavant récolté et qu'ils portent dans une petite boîte à chewing-gums autour du cou.

Alors, me direz-vous, comment est-il possible que ce pays, qui voit ses abeilles disparaître, soit devenu le premier producteur et exportateur mondial de « miel » avec plus de 300 000 tonnes par an ?

Eh bien, tout simplement parce qu'il est extrêmement facile de frauder sur le miel.

Mais attention : si on ne veut pas que ça se voie trop, il faut le faire intelligemment. Or, les Chinois ne sont pas idiots, et ils apprennent vite.

Au début, ils ont commencé à couper le miel avec un peu d'eau. Le miel étant un antibiotique naturel, il peut contenir jusqu'à 18 % d'eau sans s'altérer. Mais certains, trop gourmands, ont eu la main lourde sur le robinet et des lots de miel ont commencé à fermenter lors du transport. C'est vrai qu'il peut faire chaud dans les containers stockés sous le soleil de Shanghai.

*Vous êtes fous d'avaler ça !*

La solution donc a été d'ajouter une bonne dose d'antibiotiques de synthèse. Ça stabilise le produit, et c'est bon pour la gorge du client, mais à consommer avec modération. Résultat : le miel chinois, plus chargé qu'un vainqueur du Tour de France, a été banni d'Europe en 2002.

Pas longtemps. Dès 2004, les importations ont repris et alors a commencé la seconde phase de la glorieuse épopée du miel de Chine.

Le miel, c'est essentiellement du sucre, enfin « des » sucres plus exactement : du fructose (dans les 40 %) et du glucose (30 % environ) principalement. Nos amis chinois ont donc ajouté discrètement ce que l'on appelle dans le métier des « sucres exogènes », autrement dit qui n'ont rien à faire là. En bons commerçants pressés de faire de l'argent, ils ont commencé par ajouter le sucre industriel le moins cher, du sirop de glucose liquide obtenu à partir de maïs ou de blé (ça coûte 50 centimes le kilo quand du miel bas de gamme vaut largement plus du double). Mais une trop grande proportion de glucose provoque une cristallisation accélérée du miel. Bien entendu, les clients se sont aperçus assez rapidement qu'il y avait trop de glucose dans ce miel qui cristallisait deux fois trop vite. Ils ont donc contrôlé le taux de glucose par rapport au fructose. Ah, les maudites analyses !

Prompts à réagir, les Chinois ont donc ajouté du fructose liquide de céréales pour respecter le ratio naturel et améliorer la conservation, et c'est devenu beaucoup plus difficile à contrôler.

Hélas pour eux, les Chinois, trop gourmands, ont encore une fois forcé la dose. Les clients ont alors commencé à regarder de plus près et à compter les

*Le pays où coulent le lait mélaminé et le miel frelaté*

grains de pollen présents dans le miel. Et... Oh... surprise ! Souvent il n'y avait pas de pollen du tout ! Le « miel » n'était en réalité qu'un assemblage artificiel de sirops de glucose et de fructose industriels, coloré avec du caramel, le tout subtilement aromatisé.

Démasqués une fois de plus, les Chinois ne se sont pas laissé abattre et ont mis en œuvre la phase trois : l'ajout contrôlé de pollen.

Aujourd'hui, certaines sociétés chinoises, mais pas seulement, fabriquent un « miel » comme n'importe quel autre produit industriel. C'est pratiquement indétectable si la fraude est faite intelligemment, c'est-à-dire en respectant les ratios glucose/fructose naturels, en ajoutant la bonne dose du bon pollen, le bon colorant et le bon arôme. Des laboratoires parfaitement équipés de matériels d'analyse dernier cri, entre les mains de spécialistes, préparent des recettes et mettent en œuvre les tests de leurs clients et des services sanitaires pour s'assurer que ça passe. Et ça passe très largement. Ce n'est pas 10 % de fraude, mais bien davantage en réalité, croyez-moi.

Et je ne vous parle même pas des mensonges sur les origines : miel de France qui contient du pollen de théier ou de coton, exportations de miel d'acacia « de Hongrie » supérieures à la production totale du pays. Et les « erreurs » sur les appellations florales ? Du miel de lavande avec moins de 30 % de pollen de lavande, du miel de trèfle contenant surtout du colza...

Mon conseil, si vous voulez vous faire plaisir avec du miel de qualité : achetez-en qui ne vienne pas

*Vous êtes fous d'avaler ça !*

du bout du monde, évitez comme la peste les premiers prix qui sont encore trop chers pour du sirop de glucose coloré, et fuyez les mélanges douteux sans origine claire.

Encore une chose, inutile de chercher à débusquer le miel chinois, pour la simple et bonne raison que vous n'en trouverez pas ! Il se cache sous des termes vagues comme : « hors Union européenne ». Bizarrement, personne ne met cette origine en avant.

Pour ma part, en qualité de professionnel du négoce de miel, je n'ai pas à me plaindre de la Chine. J'ai bien dû détruire il y a quelques années deux containers qui avaient des teneurs d'antibiotiques à vous soigner un hôpital de tuberculeux tout entier, mais cela reste insignifiant au regard des profits générés. Les Chinois ne sont pas tributaires des abeilles ou de la météo pour faire du miel. Ils peuvent ainsi produire de grosses quantités et pratiquer des prix que personne d'autre au monde ne peut battre.

Bien sûr, la qualité du produit est médiocre, voire carrément mauvaise, mais cela ne dérange personne. Il y a un marché pour ça.

Je pourrais aussi vous parler des vieilles batteries de voitures que l'on retrouvait de temps en temps au fond des fûts pour faire le poids, des substances dont on voyait les traces au microscope mais que l'on n'a jamais réussi à identifier, ou des particules de rouille visibles à l'œil nu. Mais c'est tellement moins cher que les clients en redemandent. Qu'importe que ce miel ait un goût bizarre de levure ou d'alcool, parce qu'il a été pasteurisé après avoir fermenté ? Qu'importe qu'il contienne en

*Le pays où coulent le lait mélaminé et le miel frelaté*

quantité des oxydes de fer provenant d'emballages non alimentaires, et qu'il se forme un dépôt noirâtre au fond de votre tasse si vous vous en servez pour sucrer votre thé ? Qu'importent les antibiotiques, le goût désagréable et l'absence de plaisir ?

C'est pas cher !

# 16

## Sur la piste du poivre épuisé

J'ai dû à l'affaire du piment d'avoir été nommé responsable de la branche épices. J'étais un peu « El Gringo » du bureau, pour ceux qui se souviennent de cette vieille pub d'une célèbre marque de café. J'avais la responsabilité d'acheter et vendre des milliers de tonnes de poivre, de noix de muscade, ou de cannelle, qui venaient de tous les coins du monde. Je voyageais maintenant dans des pays exotiques à la recherche de lots intéressants et de nouveaux partenaires commerciaux.

Une fois par trimestre, tous les responsables d'une branche de la Boîte devaient se plier à l'exercice de la « grande revue ». L'un après l'autre, nous présentions nos résultats du trimestre (on dit maintenant « quarter ») à la direction et aux autres responsables. Chacun justifiait ses choix, exposait sa stratégie, répondait aux éventuelles questions ou subissait des critiques, voire des reproches. Mes résultats étaient plutôt honorables, et je n'appréhendais pas particulièrement cet exercice. Une simple formalité. C'était compter sans mon boss et sa soif de performances.

— C'est mou, ça progresse pas assez vite, attaqua-t-il bille en tête avant même que je ne termine ma courte présentation.

— Depuis que j'ai pris les épices, nous avons sensiblement progressé, à la fois en volume et en valeur, me défendis-je.

— La belle affaire, c'est à peine mieux que la progression naturelle du marché. Il n'y a pas de quoi se vanter quand on progresse de 10 % si tout le monde fait pareil. On ne gagne pas le Tour de France si on reste dans le peloton. Je veux mieux, beaucoup mieux. Qu'est-ce que tu proposes pour surperformer le marché ?

Tout le monde avait les yeux braqués sur moi dans un silence pesant.

— Il nous faudrait aller vers des produits davantage transformés, avec plus de valeur ajoutée. C'est ce vers quoi évoluent certains concurrents.

— Et pour surpasser ces concurrents ? Quelles stratégies ? insista-t-il.

J'avais l'impression qu'il voulait m'amener devant tout le monde à une conclusion qu'il avait en tête depuis bien avant cette réunion. Il n'y avait pas d'échappatoire et je commençais à trouver particulièrement inquiétante son allusion au Tour de France.

— Pour prendre des parts de marché rapidement, avec des commodités, il n'y a qu'un seul levier, répondis-je en me demandant où il voulait vraiment en venir.

— Le prix, bien évidemment. Alors comment baisser nos prix sans sacrifier notre marge ? Ne pourrait-on pas être plus malin que les autres ? Quelles sont les astuces que tu pourrais nous proposer ?

## Sur la piste du poivre épuisé

Je commençais à comprendre et, par facilité ou faiblesse, les deux plus vraisemblablement, je me suis laissé entraîner sur le chemin qu'il avait ouvert.

— On me propose de temps en temps des baies avortées ou des résidus, mais...

— Prenons l'exemple du poivre, coupa-t-il dès que mon « mais » fut articulé. C'est ton plus gros produit. Que peut-on faire concrètement ?

— Il est possible d'acheter, en Inde par exemple, des baies de poivre avortées, ce qu'ils appellent des « pinheads ».

— C'est beaucoup moins cher ?

— Facilement moitié moins, mais avec pratiquement pas de goût ni de piquant.

— C'est quand même du poivre, fit remarquer le directeur financier qui ne m'adressait jamais la parole lorsque je le croisais dans les couloirs, préférant réserver sa langue baveuse pour les Weston vernies du PDG.

— C'est une partie de la plante, oui, expliquai-je, mais techniquement ce n'est pas du poivre car cela n'en a pas toutes les caractéristiques, essentiellement à cause de l'absence de pipérine, l'huile essentielle caractéristique du poivre.

— Et si on mélangeait des baies avortées et du vrai poivre ? demanda mon chef qui ne perdait pas le fil.

— Dans ce cas, répondis-je, il faudrait tout broyer car les baies avortées sont toutes petites, plus légères et décolorées. On obtiendrait alors du poivre en poudre, avec un goût moins puissant, pauvre en huile essentielle, d'un gris un peu plus clair.

— Et beaucoup moins cher, enchérit le directeur financier.

*Vous êtes fous d'avaler ça !*

— Et les analyses ? interrogea mon chef qui, en vrai professionnel de terrain, allait à l'essentiel.

— Avec un poivre à bonne teneur en pipérine, pas trop vieux, si on mélange à 20 ou peut-être 30 % maximum, on devrait être tout juste dans la norme.

— Existe-t-il d'autres solutions pour faire baisser davantage le prix du poivre ? demanda le directeur financier.

— On m'a aussi proposé du poivre épuisé, c'est dix fois moins cher que le vrai poivre, et même des grignons d'olive... Mais aller jusque-là me semble dangereux.

— Le poivre épuisé ? Précisez ! ordonna le directeur général.

— Il s'agit du résidu du poivre après extraction de son huile essentielle à l'aide de solvants. On peut comparer ça au marc de café si vous voulez. Comme les pinheads, on pourrait le mélanger, peut-être à 10 ou 20 %, avec du vrai poivre tout en restant dans les normes. Mais, avec les résidus d'extraction, il y a un risque de retrouver des traces des solvants chimiques utilisés, comme de l'hexane, qui n'ont rien à faire dans du vrai poivre.

— Et les grignons d'olive ?

Mon chef était transporté par la perspective d'être encore plus malins que les plus malins de nos concurrents.

— C'est ce qui reste après l'extraction par solvants des dernières gouttes de l'huile d'olive, ça ne coûte presque rien en Espagne, on s'en sert comme combustible en général. Mais il paraît que certains en mettent un peu dans le poivre en poudre. Seulement, comme ça ne provient pas du poivrier, il

*Sur la piste du poivre épuisé*

est plus facile de le détecter. Et, là encore, on risque de retrouver des solvants pour peu qu'on les cherche.

— Merci pour ces explications, vous avez du pain sur la planche, conclut le directeur général.

Le lendemain, je passais mon premier ordre d'achat pour un container complet de pinheads en Inde. Mon fournisseur me le facturait sous l'appellation « light pepper berries » ou « poivre léger ». Les pinheads et le poivre entier étaient ensuite mélangés et broyés en Europe, en Espagne, en France ou en Allemagne. Cela nous a permis de faire baisser sensiblement le prix de notre poivre moulu, en même temps que son goût.

Un peu plus tard, cela ne suffisait plus. Nos concurrents avaient réagi avec les mêmes armes. Alors, on commença à importer du poivre épuisé. Malheureusement, ce « poivre » contenait des traces d'hexane et nous étions à la merci d'une analyse qui le révélerait tôt ou tard. Par chance, de nouvelles techniques d'extraction sont apparues. Il était maintenant possible d'extraire l'huile essentielle de poivre avec du $CO_2$ liquide qui ne laissait aucune trace. Une bénédiction.

Mais cela devint encore trop cher et on me demanda d'acheter, en Espagne, quelques lots de grignons d'olive, officiellement pour « nettoyer les machines ».

Et, un jour, tout cela est devenu trop cher et trop compliqué, alors on a directement importé notre « poivre » moulu d'Inde sans trop savoir comment il était fabriqué, mais toujours avec des analyses parfaitement conformes. Puis, un peu plus tard, nous achetions en Chine et au Vietnam un poivre en

*Vous êtes fous d'avaler ça !*

poudre gris clair, sans goût, sans piquant, mais à un prix imbattable.

Tout cela m'avait épuisé.

Le comble, c'est que ces « améliorations techniques » ont abouti au paradoxe que les poivres en grain entier ont fini par coûter sensiblement plus cher que les poivres moulus.

Or, je n'ai encore jamais vu de poivrier donner directement du poivre en poudre – encore que tout semble possible avec les OGM... Donc, vous comprenez bien que pour faire de la poudre, il faut évidemment broyer un produit entier, logique. Avec les pertes et le travail supplémentaire, ça ne peut que coûter plus cher que le produit entier de départ. Pourtant, nos clients, industriels, négociants, ou supermarchés, ont toujours pris garde de ne pas poser de questions sur cet étrange phénomène, préférant basculer leurs achats de produits entiers chers vers les poudres, plus économiques. Quid de la qualité et du goût ? Je ne sais pas, on ne m'a jamais rien demandé à ce sujet tant qu'on était dans les normes. Limite, mais dedans.

Notre « poivre » était si bien placé en prix que nous en vendions des milliers de tonnes par an à travers toute l'Europe, sans compter l'export, essentiellement vers l'Afrique, peu regardante sur la qualité, du moment que le prix était bas. Personnellement, je n'avais pas le temps d'avoir des états d'âme, même si cela me contrariait lorsqu'on me servait, au restaurant, avec mon steak, ou en avion, avec mon jus de tomate, un poivre totalement insipide.

*Sur la piste du poivre épuisé*

On ne mange pas des tonnes de poivre tous les jours, me direz-vous, mais il ne faut pas croire que seul le poivre soit épuisé, non, non, non. Ça marche aussi avec toutes sortes d'épices : cumin, girofle, muscade, anis... et pas seulement. L'Inde s'est fait une spécialité de l'extraction des huiles essentielles, c'est donc logiquement là que la Boîte faisait son marché, à des prix défiant toute concurrence.

Vous pensez naïvement que ces pratiques sont marginales, le fait de quelques tireurs isolés ? Désolé, mais vous avez encore faux. Sachez que, par exemple, des sociétés bien connues en Espagne, dans la région de Murcie, sont spécialisées dans la production de piment doux (ou paprika), à partir de résidus d'extraction. C'est-à-dire du piment doux dont l'huile essentielle (l'oléorésine de capsicum) a été extraite par solvants. C'est cette huile qui donne sa couleur caractéristique au chorizo. Je connais parfaitement le dossier, j'en ai acheté des centaines de tonnes de cette cochonnerie qu'on mettait en petits flacons de verre ou en jolies boîtes de métal sérigraphiées, et que les supermarchés vendaient avec des marges de 100 %.

Des volumes considérables de produits épuisés sont exportés, au vu et au su de tous, parfaitement légalement. La prochaine fois que vous vous rendrez dans votre supermarché préféré (ou chez votre distributeur de surgelés préféré), allez faire un tour au rayon des crèmes glacées et regardez la composition de certaines glaces à la vanille. Vous lirez en tout petit : « Gousse de vanille épuisée, arôme, colorant. » Ben oui, vous croyez que cette belle glace à la vanille, avec une belle couleur crème, avec de petits

*Vous êtes fous d'avaler ça !*

points noirs dedans a été faite avec de la bonne vanille en gousse, plongée dans du lait frémissant pour que les arômes délicats parfument la préparation, le tout amoureusement mélangé de manière traditionnelle par les mains expertes d'une laitière du XVIIe siècle. Faut arrêter de rêver devant les écrans de pub, les amis.

La vanille épuisée sert de « marqueur visuel » (traduisez artifice pour faire joli, terroir, authentique). La glace est en fait un assemblage de flotte, lait en poudre, arôme artificiel produit à partir de résidus de pâte à papier, vanille épuisée à l'hexane (solvant neurotoxique et potentiellement cancérogène), colorant caramel e150d (sucres chauffés en présence de sulfite ammoniacal, potentiellement cancérogène et à éviter si on est sensible aux sulfites) et autres additifs. Pour un produit comme de la crème glacée, destiné principalement aux enfants, je dis bravo ! Fallait oser.

# 17

# Un piment trop rouge pour être honnête

Pour être tout à fait franc, il s'est pourtant trouvé une affaire qui a mal tourné, et pour laquelle on n'a pas été franchement malins.

Tout avait parfaitement commencé, comme un joli conte pour les tout-petits : il était une fois un fournisseur indien avec qui j'avais fait quelques affaires. Il me proposa gentiment, et en toute amitié, un piment en poudre magnifique à un prix défiant toute concurrence. Les échantillons étaient superbes ; belle couleur rouge, le piquant présent sans être trop fort, et le goût légèrement sucré. La Miss Monde du piment, un produit parfaitement adapté aux goûts européens.

Pas besoin d'analyse, on sait tous parfaitement, moi le premier, que c'est un produit daubé. Pour une raison très simple : le prix de ce piment ne colle pas du tout avec sa qualité visuelle. Il a une texture très fine et une couleur magnifique, brillante, presque trop belle pour du piment. Il devrait coûter au moins deux fois plus cher que ce que je le paie.

Sa couleur est artificielle, cela ne fait aucun doute. Il est peu piquant parce qu'il ne contient pas beaucoup de vrai piment, ou alors une bonne dose de piment épuisé dont l'huile essentielle, la capsaïcine, a été extraite. Le goût légèrement sucré, apporté par un édulcorant intense comme de l'aspartame ou de la saccharine, en quantité assez faible, est là pour dissimuler un arrière-goût suspect, sans qu'on ne retrouve dans les analyses du sucre qui n'a rien à faire dans du piment. Goût de quoi ? Mystère.

Mais, en commerçants malins qui veulent éviter les ennuis, nous avons fait effectuer par un laboratoire accrédité Cofrac (Comité français d'accréditation) une analyse de routine. Bien entendu, tous les paramètres analysés se trouvent être parfaitement dans les clous. Nous gardons d'ailleurs précieusement cette analyse, pour bien prouver aux empêcheurs de vendre en rond que nous contrôlons sérieusement nos produits et que nous nous préoccupons de qualité, de sécurité, et tout et tout.

Une fois que nous sommes couverts, rien ne s'oppose à ce qu'on mette notre piment sur le marché, ce que nous nous empressons de faire. Le prix est tellement compétitif que nous remportons facilement des marchés, et que les volumes traités ne tardent pas à être importants. On spécule avec des stocks considérables. Les semaines et les mois passent et nous en vendons des dizaines de containers.

Cette merveilleuse histoire aurait pu ne jamais avoir de fin si, au bout de deux ans, un concurrent à l'esprit malsain et pas malin du tout, n'avait fait des analyses poussées pour identifier le colorant qu'avait ajouté le fournisseur. Il a finalement démasqué le coupable, un colorant tout ce qu'il y a de

*Un piment trop rouge pour être honnête*

plus sympathique et chimique de type red-sudan, généralement utilisé pour donner une belle teinte rouge aux peintures et par exemple cette jolie couleur caractéristique du diesel. Pas franchement alimentaire mais probablement pas dangereux aux doses utilisées dans notre piment. Encore que je ne pourrais pas l'affirmer.

Le Service de répression des fraudes, ou la DGCCRF (la Direction générale de la concurrence, de la consommation et de la répression des fraudes) comme il faut dire maintenant, a été informé et tout notre stock de beau piment mis sous séquestre.

Nous avons bien tenté de nous justifier, de montrer les certificats d'analyse, mais ils n'ont rien voulu savoir et nous ont obligés à détruire toute la marchandise, plusieurs dizaines de tonnes qui ne demandaient rien à personne. Tout cela à nos frais. Ce qui nous a coûté presque toute la marge que nous avions faite avec ce produit. Loupé !

Faire détruire ce beau piment que toutes les marques de supermarchés s'arrachaient, et que nous avions même réussi à vendre à une des plus prestigieuses épiceries fines parisiennes mondialement connue, relevait du plus parfait gâchis.

Nous devons pourtant faire notre mea culpa. Nous nous sommes laissé aveugler par notre vanité, gonflés d'assurance et de suffisance à en exploser. Sachant parfaitement que le piment était daubé, et qu'il y avait un risque réel que cela soit découvert tôt ou tard, nous n'aurions jamais dû faire de stocks aussi importants.

Certains penseront que nous aurions dû chercher ce qui clochait dans le produit avant que nos concurrents ne le découvrent, mais il faut aussi bien comprendre que nous ne voulions surtout pas connaître la nature de la tricherie car le savoir nous aurait rendus complices, alors que dans « l'ignorance totale » nous étions victimes, ce qui pénalement change la donne.

Notre meilleure source de piment tarie, je me suis mis en quête d'une solution. Je l'ai trouvée en Afrique du Sud. Beau pays. Plein de gens malins.

Un industriel local m'a proposé un beau piment, belle couleur, piquant mais pas trop, et surtout pas cher. Cette fois, on a procédé à des analyses poussées sur les colorants. Ben oui, on peut expliquer aux Fraudes qu'on s'est fait avoir une fois, mais même eux trouveraient louche que cela se reproduise.

Ce nouveau piment ne contenait pas de colorants artificiels, mais il était trop bon marché, donc forcément pas très net. Mais voilà, les analyses étaient bonnes. Alors banco, on est reparti comme en 40. Un container, deux containers… tout allait à merveille. Clients contents, actionnaires ravis, mon boss aux anges. Et puis on s'est tout de même rendu compte que les analyses étaient… trop bonnes.

Cela peut sembler paradoxal, mais certains paramètres ne peuvent pas être « trop bons », même un inspecteur des Fraudes y trouverait à redire. Par exemple, un fromage doit contenir des moisissures vivantes. S'il n'y en a pas du tout, c'est suspect. Dans notre cas, le piment était quasi stérile. Pas la moindre bactérie, moisissure ou autre miasme vivant, ce qui n'est possible qu'avec une seule méthode dont personne ne veut entendre parler : l'ionisation. Ce n'est pas à proprement parler inter-

*Un piment trop rouge pour être honnête*

dit, mais un produit irradié doit être déclaré sur l'emballage, et, bien sûr, est invendable car les consommateurs n'ont pas confiance. Allez savoir pourquoi personne ne veut consommer de produit irradié. Pourtant, l'ionisation est la méthode de décontamination la plus efficace. Autres avantages : elle coûte beaucoup moins cher que les autres techniques qui permettent de traiter les épices, n'altère pas la couleur comme la vapeur d'eau qui est la technique classique, et ne laisse pas de résidus comme les traitements chimiques au bromure de méthyle ou à la phosphine, un hydrure de phosphore.

— Bon, chef, on fait quoi ?
— Quoi, on fait quoi ? Qu'est-ce que tu veux faire ?
— Ben, il est ionisé ce piment.
— T'en es sûr ? T'as des preuves ?
— C'est évident, pas besoin de preuve, le piment est stérile. Ce n'est tout simplement pas possible autrement.
— Écoute, on a pas de preuve, t'as juste une présomption et on peut pas accuser comme ça un fournisseur qui est peut-être de bonne foi.
— Chef...
— Putain, on est les seuls à savoir. T'auras qu'à le mélanger avec du piment de Chine pas très clean en microbio, et les analyses finales seront moins bonnes. Si on nous pose des questions, on dira qu'on mélange pour homogénéiser le goût ou la couleur, ça passe toujours ce genre d'explication foireuse.
— OK.

*Vous êtes fous d'avaler ça !*

Je me disais que je n'arriverais certainement jamais à la cheville de mon chef. Il avait tant de sens pratique, de logique et d'assurance ; le MacGyver... ou le JR des épices.

Là encore nous n'avons pas eu de chance. Notre industriel malin d'Afrique du Sud a subi deux années consécutives de sécheresse et, sans piment à vendre, a dû mettre la clef sous la porte. Mais rassurez-vous, pour le piment comme pour le reste, ce ne sont pas les partenaires malins qui manquent.

# 18

# L'invasion des bêtes à bon Dieu

Nos chers actionnaires ont un jour décidé, allez savoir pourquoi, d'acheter une usine de déshydratation dans l'ouest de la France. Enfin, quand je dis que je n'en connais pas la raison, j'ai tout de même ma petite idée, car « acheter » n'est pas le terme qu'il convient d'employer en la circonstance. En effet, la reprise de cette société en quasi-faillite n'a été payée en réalité que par des promesses. Promesses de sauvegarde d'emplois, promesses de réaliser de nouveaux investissements, et promesses du remboursement de toutes les dettes accumulées sur les précédents exercices. Tout cela étant, bien entendu, conditionné à de bons résultats futurs qui, c'était presque sûr, arriveraient très vite ; bref, du vent. On n'a donc rien payé du tout pour l'acquisition, ce qui, a priori, semblait être une excellente affaire.

Mais, pour votre information, sachez que reprendre une entreprise n'est jamais une chose aisée, et que cela devient un exercice franchement périlleux quand cette dernière est moribonde. Une entreprise en mode de survie n'a plus les moyens d'investir, ni même d'entretenir correctement son matériel, de payer normalement ses employés, ses fournisseurs...

*Vous êtes fous d'avaler ça !*

Nous nous sommes donc, en toute logique, retrouvés propriétaires d'un outil de production dépassé, en panne la moitié du temps, et servi par un personnel totalement démoralisé. Ne restaient d'ailleurs là que ceux qui n'avaient pas réussi à quitter le navire avant le naufrage, soit la pire bande d'incompétents qu'il m'ait été donné de rencontrer de toute ma vie (désolé pour ceux qui pourraient se reconnaître, il n'y a rien de personnel).

Pour ceux qui ne le savent pas, une unité de déshydratation, c'est simplement une usine dans laquelle on met en œuvre un process qui enlève l'eau contenue dans les végétaux (légumes et fruits destinés aux humains, luzerne ou divers fourrages pour le bétail). Cette technique permet simplement, et naturellement, de conserver ces denrées périssables. Pour cela, on met en œuvre d'énormes fours qui produisent un air très chaud et très sec, qui est soufflé sur le produit, et ainsi le sèche. C'est tout bête, un gros sèche-cheveux en somme.

Cela peut varier un peu selon sa nature, mais un végétal déshydraté pèse environ 10 % de son poids frais initial. Il vous faut donc, par exemple, dans les 10 kilos de poireau frais pour obtenir un kilo de flocons de poireau déshydraté. Ces végétaux secs se retrouvent ensuite dans une multitude de produits finis comme les soupes en sachets, les mélanges d'aromates et d'épices en flacons ou sachets, les fromages frais au persil, ail ou ciboulette, des sauces, des préparations charcutières...

Comme j'avais une bonne expérience du négoce, je me suis retrouvé du jour au lendemain chargé de

## L'invasion des bêtes à bon Dieu

vendre la production de cette usine à l'export. Mes marchés étaient essentiellement les États-Unis pour le persil, la ciboulette et le basilic, et l'Allemagne pour ces mêmes produits avec quelques références en plus comme le poireau, très prisé outre-Rhin.

Nos objectifs étaient, comme toujours, ambitieux et, grâce à une technique de vente sophistiquée des plus novatrices, que les spécialistes appellent « prix cassés », j'avais vendu en deux semaines tout ce que nous pouvions théoriquement produire en une année. Du bon boulot selon nos critères.

Hélas, avec notre équipe de bras cassés, nos machines obsolètes et la plupart du temps à l'arrêt, nous étions toujours en manque de produits et nos clients se plaignaient de nos retards de livraison. Et s'il n'y avait eu que cela ! En effet, cette situation bénie, où je n'avais que des problèmes de délais à gérer, ne dura pas longtemps. Lorsque je remarquai que nos stocks augmentaient à une vitesse vertigineuse, alors que nous livrions nos clients au compte-gouttes, je décrochai mon téléphone pour demander des explications au colonel le moins apathique de l'armée mexicaine qui faisait tourner l'usine :

— Allô, Pedro ? (le nom a été changé car je suis un gentil garçon). J'ai de plus en plus de retards de livraison, cela devient grave, on va perdre des clients et se prendre des pénalités. Il faut faire quelque chose, et vite !

— On a des problèmes de machines, on fait tout notre possible mais on ne peut pas produire plus vite.

— Oui, je sais, mais je vois sur mes listings que les stocks augmentent et je ne comprends pas pourquoi. Il faut envoyer ces produits au plus vite.

*Vous êtes fous d'avaler ça !*

— … Non.
— Quoi, « non » ? Pourquoi, « non », Pedro ?
— … ces lots sont encore bloqués… il faut du temps… les contrôles qualité… les analyses…
— Mais, je vois sur mon listing qu'il y a des lots qui ont été produits il y a plus d'un mois déjà !
— Oui, mais tant que la qualité ne donne pas son feu vert, les lots restent bloqués. On est certifié, on ne fait pas n'importe quoi ici.
— Pedro, j'ai parfaitement l'habitude des procédures qualité et je sais qu'il faut moins d'une semaine pour faire le contrôle complet. Soit il y a un problème avec ces lots, soit ils auraient dû être tous libérés depuis longtemps.
— …
— Allô, Pedro ?
— Oui.
— Il y a un problème avec ces lots ou pas ?
— Non, non… ils sont bien, pas de problèmes.
— Alors, tu secoues la qualité pour qu'ils me les débloquent tout de suite et tu livres nos clients, OK ?
— OK.

J'aurais dû me douter qu'il me racontait des bobards ; au ton de sa voix, à ses silences. Et, en effet, à peine avions-nous livré un des lots en question à un client allemand, un Bavarois généralement affable, que ce dernier me rappelait, fou furieux, menaçant de nous traîner en justice et, plus grave, de ne pas nous payer !
Nous échangions en anglais, car les rares mots d'allemand que je comprends, tirés de chefs-d'œuvre tels que *La Grande Vadrouille* et *La 7ᵉ Compagnie au clair de lune*, sont malheureusement de peu d'utilité

## L'invasion des bêtes à bon Dieu

dans les affaires. Ainsi, mon interlocuteur me menaçait dans la langue de Shakespeare et, faute de vocabulaire suffisamment maîtrisé, m'insultait en même temps dans celle de Goethe.

Il refusa de me dire ce qui clochait en me faisant remarquer que je ne pouvais pas lui avoir livré « *such a scheisse* » (traduction approximative : « une marchandise de qualité très inférieure ») sans l'avoir fait intentionnellement afin de le flouer. Après m'avoir fixé un ultimatum de deux jours, pendant lesquels je devais récupérer toute ma « scheisse » et lui livrer des lots conformes en échange, il me raccrocha au nez en me laissant à moitié sourd d'une oreille.

Le soir même je prenais l'avion avec mon listing sous le bras, et j'étais le lendemain matin dès huit heures dans les entrepôts de l'usine de déshydratation accompagné de mon futur-ex-ami Pedro. Il arborait sa tête des mauvais jours, tout comme moi.

Sur plus de mille mètres carrés, et sur cinq étages de rayonnages métalliques (on appelle ça des racks de stockage dans l'industrie), des centaines de palettes de plus de deux mètres de haut pleines de cartons, ou de gros sacs en papier kraft triple épaisseur, étaient parfaitement alignées, tranquilles... alors que mes clients tiraient la langue dans l'attente de ces produits !

— Bon, Pedro, on va examiner un carton pris au hasard, de la première et de la dernière palette de tous les lots qui sont en stock depuis plus de dix jours.

— Ça va nous prendre la journée et je n'ai pas que ça à faire, grogna-t-il. On ferait mieux de prendre une palette du milieu, au hasard.

— Non, on fait comme j'ai dit. Je vais te donner les numéros des palettes que je veux voir, tu les sortiras du rack, et je choisirai moi-même un carton sur chacune de ces palettes, pas sur d'autres.

Je n'étais pas né de la dernière pluie et, si j'insistais pour voir la première palette, c'est parce que je savais parfaitement que, quand on maîtrise mal son process, c'est au démarrage que le produit a le plus de risque d'être inconstant et d'avoir des défauts. C'est au lancement d'une production que l'on fait les réglages des machines, on tâtonne, les débits sont irréguliers, et les paramètres pas encore tous stabilisés. La dernière palette pouvait aussi être intéressante car certains process sont délicats à stopper sans altérer le produit. Avec des lignes de fours et de sécheurs industriels de plus de 50 mètres, il ne suffit pas d'appuyer sur un bouton pour que tout s'arrête dans l'instant.

Enfin, je verrais bien. Et, pour ce qui est de voir, j'ai été servi, j'en ai eu plein les mirettes. En une journée, j'ai eu la chance de voir tous les types de défauts qu'il était possible de générer dans la glorieuse industrie de la déshydratation et, dès le tout premier carton, la barre fut placée très haut.

Logiquement, j'avais voulu commencer mon inspection par le plus urgent, le lot de poireau coupé en flocons de 1 centimètre par 1 centimètre que mon client de la veille refusait de payer. Sur un lot de 30 tonnes, mon client en avait reçu 10, il en restait donc 20 en stock chez nous qui devaient être de la même qualité.

Pedro me tendit un carton qui pesait 10 kilos net exactement que j'ouvris et... ??? Il était vide... !

## L'invasion des bêtes à bon Dieu

Enfin, pas exactement... Il y avait bien un truc au fond, et le carton était lourd...

D'un geste, je retournai le carton pour le vider et une sorte de galette épaisse, d'une dizaine de kilos, aux dimensions exactes du carton, tomba avec un bruit mat sur le béton, comme si j'avais démoulé un vieux kouign-amann. Je regardais ce truc, effaré.

— C'est quoi ce bordel ?

— Ben, du poireau, fit remarquer Pedro, nullement étonné, comme si tout cela était fort naturel.

— Ne me prends pas pour un con, dis-je, plus surpris qu'en colère.

Je me penchai sur la galette et commençai un examen plus approfondi. C'était vaguement verdâtre, compact mais souple à la fois. Une matière nouvelle ? Une invention de Gaston Lagaffe ?

On devinait bien dans l'amalgame des morceaux de 1 centimètre qui ressemblaient à de petits timbres-poste, mais ils étaient tous collés les uns aux autres pour former cette masse étrange. Certains morceaux brun-noir semblaient complètement brûlés, alors que d'autres, vert sombre, étaient encore humides, et le tout était aggloméré par des filaments blancs de moisissures du plus bel effet.

— Comment c'est possible de produire un poireau humide et brûlé à la fois ?

— C'est normal, c'est un début de production, on était en train de régler la température du four et le débit d'air. L'air trop chaud a un peu toasté le produit et il n'a pas eu le temps de sécher à cœur.

— Pedro, comment tu peux dire que c'est normal ? C'est totalement pourri, bon pour la poubelle. Mes clients s'en foutent que l'air soit trop chaud, ils veulent du poireau consommable. On va ouvrir un autre carton pris sur une autre palette du même lot.

Le produit dans le second carton était moins tassé. Le poireau semblait bien sec et de meilleure qualité, sauf que la couleur de certains morceaux était un peu terne, tirant sur le brun. Probablement un air encore un peu trop chaud qui aura un peu grillé le... non... bizarre, la couleur brune semble être en réalité comme une pellicule, une poussière qu'on peut enlever... De la terre !

— Putain, le produit est plein de terre ! Pedro, mais comment vous avez fait ça ?

— C'est de la faute aux paysans, les champs étaient boueux et ils ont livré des lots de poireaux frais tout sales.

— Et alors ? Des légumes avec de la terre, ça peut arriver. Pourquoi vous ne les avez pas lavés avant de les sécher ?

— Mais réfléchis, si on lave, on mouille le produit. Et plus le produit est humide, plus c'est plus dur à sécher.

J'étais atterré (sans jeux de mots).

— Parce que c'est plus dur à sécher, vous produisez de la bouffe pleine de terre ! Et vous espérez que les clients ne vont rien voir et rien dire ?

La suite de l'examen du lot de poireaux m'enleva tout espoir de trouver ne serait-ce qu'une seule palette de qualité acceptable. Les 20 tonnes en stock, et certainement les 10 chez mon client, étaient tout simplement invendables, du moins en l'état. Et rendez-vous compte que, pour obtenir ces 30 tonnes de poireaux séchés, il a fallu déshydrater dix fois plus de poireaux frais, soit 300 tonnes !

## L'invasion des bêtes à bon Dieu

— OK Pedro, j'ai vu pour le poireau. On passe au persil frisé maintenant. À moins que tu me dises tout de suite quel est le problème, on gagnerait du temps...

— Il est bien, le persil frisé.

Je dois dire que j'y ai cru. Je me disais qu'il n'était pas stupide au point de mentir alors que j'allais procéder au contrôle. Pourtant...

— OK, alors on regarde le premier carton.

Je fus d'abord rassuré. Le persil frisé déshydraté que je remuais doucement d'une main, coupé en flocon de 6 à 8 millimètres, n'était ni humide ni brûlé et je ne voyais pas trace de terre. La couleur était correcte, un joli vert, et la coupe nette et homogène du haut du carton au... ah, non, au fond c'est différent... des tiges... Putain, c'est plein de tiges !

— Mais Pedro, pourquoi tu me dis que c'est bien si c'est plein de tiges dans le fond du carton ?

— C'est normal qu'il y ait des tiges, c'est du persil, on ne peut pas avoir que de la feuille.

— Mais enfin, me dis pas que c'est normal, sinon la qualité aurait pas bloqué ces cartons. On dépasse largement la teneur en tige autorisée par le cahier des charges. Tu connaissais le problème, alors pourquoi attendre que je le découvre ou, plus grave, que ce soit les clients qui s'en aperçoivent ?

— ...

Cette fois Pedro me boudait carrément, plus une parole ne sortait de sa bouche.

Il faut comprendre que, une fois conditionnés, les produits coupés ou en poudre ont tendance à se séparer en fonction de leur densité. Ainsi, les particules les plus lourdes, comme les cailloux, ou pour notre persil les tiges, se retrouvent majoritairement au fond des cartons.

— Bon, OK, alors on passe à la ciboulette tubulaire. Je suppose que tu vas encore me dire que le lot est conforme et que c'est la qualité qui se goure.
— ...
— Bon, voyons cela... À première vue ça semble bien, du moins en surface... La couleur est OK, odeur, ça va... Pas de terre... Pas de brûlé... Voyons au milieu du carton... Ah... c'est plus ou moins mal coupé, cela dépend des morceaux, mais ça peut être acceptable... Et, au fond... tout est déchiqueté et carrément écrabouillé... avec des traces de moisi !
— ...
— Bon, pour ce qui est de la ciboulette c'est foutu. On va terminer avec le basilic. Tu veux me laisser le plaisir de la découverte ?
— ...
— Ben, il me semble bien ce basilic. Bonne couleur, odeur super, coupe OK. Et il est régulier du haut du carton jusqu'au fond. Pourquoi il est bloqué ? Un défaut qui ne se voit pas ? On a trouvé des pesticides ou des métaux lourds ?
— Non, il est super clean en pesticides...
Tiens, il me reparle.
— Alors qu'est-ce qui ne va pas avec ce lot ? Pourquoi est-il encore bloqué ? Je ne... tiens, c'est quoi ce point rouge ?...Ah, juste une petite coccinelle égarée, toute sèche, la pauvre mais... Ah, en voilà une deuxième... et une troisième... et une autre... encore une autre... OK, c'est bon, j'ai compris.

## L'invasion des bêtes à bon Dieu

Que pouvait-on faire si même le bon Dieu était contre nous et nous envoyait des légions de ses petites bêtes ?

Au terme de l'inspection, la totalité des lots bloqués par le service qualité qui dormaient dans nos entrepôts depuis des semaines, soit plus de 100 tonnes de produit, se révélait bel et bien invendable. Cela représentait plus de 1 000 tonnes de produits frais, et une somme d'argent considérable.

Pedro, que tout le monde chez nous surnommait dorénavant « le psychopathe », a été viré en moins d'une semaine. Aux dernières nouvelles, il sévit maintenant chez un fabricant de soupes de légumes dont je ne tiens pas à goûter la production, surtout la référence « poireau, pomme de terre, coccinelle ».

La seule solution qui nous restait pour ne pas tout mettre à la poubelle était de broyer fin tout ce qui pouvait l'être. D'atomiser, pour les faire disparaître, les jolies coccinelles, les tiges de persil, le poireau moisi et terreux, et la ciboulette déchiquetée. Malheureusement, comme vous le savez maintenant, les poudres valent beaucoup moins cher que les produits entiers ou en morceaux, car c'est fabriqué avec du second choix et des sous-produits.

La vente de ces poudres se faisait donc à un prix qui, finalement, se trouvait être bien inférieur au coût de revient. Cela limitait nos pertes, certes, mais dans l'ensemble nous perdions de l'argent avec cette usine. Et pas qu'un peu, car des lots non conformes continuaient d'être produits chaque jour alors que, dans le même temps, nous étions incapables de livrer nos contrats de produits corrects.

*Vous êtes fous d'avaler ça !*

Ami consommateur, je ne saurais donc que t'encourager, une fois de plus, à éviter les produits broyés et pulvérisés. Il n'y a rien de plus facile que de faire sa soupe de légume soi-même et, crois-moi, c'est bien plus sain.

Mon client bavarois m'a renvoyé toute notre « scheisse », et à nos frais, le tout accompagné d'une monstrueuse facture de pénalités. Il a ensuite définitivement refusé de me reparler, que ce soit en anglais, ou en allemand.

Nous n'avons jamais réussi à produire des lots de bonne qualité à un coût de production raisonnable avec cet outil. Après avoir perdu des millions, nous avons finalement jeté l'éponge et revendu pour un euro l'usine à un industriel pas malin qui pensait faire une excellente affaire. Il a pourtant fini par la fermer au bout de quelques mois, après y avoir déshydraté toutes ses liquidités.

# 19

## De la bonne herbe... à pizza

— Putain, on a un problème avec l'origan, on est trop cher, on perd des marchés. On vient de se faire éjecter de l'appel d'offres Pizza Truc face à Epicecorp.

La chose au monde que mon boss déteste le plus, c'est que des concurrents se montrent plus malins que nous et nous volent NOS clients.

— Je ne comprends pas, chef, me défendis-je, on est dans le marché. Notre produit est de bonne qualité, on est de gros acheteurs, et j'ai de bons prix. Je viens juste d'en faire entrer deux containers.

— Faut qu'on arrive à comprendre ce qui se passe, sinon on va encore perdre des clients. L'acheteur de Pizza Truc est un pote et il m'a promis un échantillon du produit d'Epicecorp. Avec ça, t'iras en Turquie et tu me trouveras une solution pour qu'on soit à nouveau compétitifs.

C'est comme ça que je me suis retrouvé quelques jours plus tard à Izmir, à faire du porte-à-porte dans les usines de traitement d'origan – de « kekik » en turc –, avec pour mission de trouver les fournisseurs les plus malins de la place.

*Vous êtes fous d'avaler ça !*

Il faut bien comprendre l'enjeu de ce dossier. L'origan n'est pas n'importe quel produit, c'est une des herbes aromatiques les plus consommées. C'est elle qui donne son goût caractéristique aux pizzas, et à de nombreux plats italiens et méditerranéens. Vous vous doutez que les volumes sont très, très, importants.
On trouve bien encore un peu d'origan sauvage de très belle qualité en Albanie, mais la Turquie est aujourd'hui le principal pays producteur, car elle le cultive à grande échelle. C'est moins bien, c'est certain, mais c'est beaucoup moins cher. Et c'est à Izmir que tout se passe, que l'on trouve les usines et les plus importants négociants.

L'acheteur de Pizza Truc avait tenu parole, et je trimbalais avec moi un sachet plastique contenant environ 200 grammes d'origan séché venant directement de notre concurrent trop malin. J'avais prévu de montrer cet échantillon à tous mes contacts pour en apprendre un peu plus, et je me sentais dans la peau d'un trafiquant cherchant à dealer sa came. T'en as ?
Le premier fournisseur rencontré, Hamdi, a tout de suite souri en examinant mon échantillon.
— « Sumac ! », s'est-il exclamé.
— Pardon ?
— Il fallait me dire tout de suite que tu cherchais un mélange d'origan et de sumac, je peux te faire la composition que tu veux en fonction du prix que tu veux payer.
— C'est quoi le « sumac » ?
— Prenons un thé et, pendant ce temps, mon labo va te préparer des échantillons que tu pourras emporter. Tu comprendras mieux en voyant.

## *De la bonne herbe... à pizza*

On a tranquillement siroté un thé, noir et très sucré, accompagné d'abricots séchés, de biscuits aux amandes et pistaches, et de figues. Très bon. Les commerciaux turcs savent recevoir, pas comme les Français, plutôt pingres en général et dont une minorité vous sert au mieux un café dans un gobelet plastique.

Après quelques minutes passées à se plaindre du temps, des politiciens et à commenter les derniers résultats de la Champions League, un laborantin en blouse blanche est venu nous interrompre.

— Bien, c'est prêt, suis-moi, m'invita Hamdi.

Précédés par le technicien, on s'est retrouvés dans une grande pièce pleine d'appareillages, le laboratoire. Sur une large paillasse blanche carrelée il y avait six petits tas d'un vert un peu fané de ce qui semblait être de l'origan.

— Le tas le plus à gauche, c'est de l'origan pur, me dit Hamdi en le pointant du doigt. C'est ce que tu m'achètes aujourd'hui. Une très bonne qualité de la région égéenne et d'Anatolie. Celui un peu plus à droite n'en contient que 80 %. Le suivant 60 %, puis 40 %, 20 % et le dernier plus du tout. L'origan que l'on a retiré a été remplacé par du sumac, une plante locale.

Je regardai les petits tas verts qui me semblaient tous identiques.

— Je ne vois pas de différence.

— C'est parce que tu ne regardes pas bien et que tu ne sais pas quoi chercher. Fais comme moi.

Il prit alors une pincée du tas sans origan et fit rouler les feuilles entre ses doigts en les écrasant avant de les sentir.

Je l'imitai.

— Alors ? questionna-t-il.

— Ça ne sent rien ou presque.
— C'est exact, le sumac n'a pas d'huiles essentielles comme l'origan. Il ne sent rien et n'a pas de goût. C'est une herbe quelconque. Pas dangereuse, mais pas de parfum.
— À part ce détail, c'est très ressemblant, Hamdi.
— Oui, les feuilles de sumac séchées et coupées ressemblent beaucoup à celles de l'origan, c'est pour cela qu'il est souvent mélangé à de l'origan pour faire baisser le prix. Mais, si tu regardes bien, tu verras dans l'origan cultivé des petites boules que le sumac n'a pas.
— Donc, l'échantillon que je t'ai montré contient de cette plante, le sumac ?
— Oui, sans l'ombre d'un doute, dans les 40 % je dirais.
— On devrait le savoir plus précisément en mesurant les huiles essentielles, non ?
— C'est très difficile, car la teneur en huile essentielle d'un origan varie en fonction de la variété, du climat, de la date de récolte, des conditions de stockage, enfin de nombreux paramètres. De plus, l'huile essentielle disparaît avec le temps, elle s'évapore. Tu peux ainsi avoir un origan vieux de deux ou trois ans, parfaitement pur, qui n'aura presque plus d'huile et donc presque pas de parfum.

Il était clair que je venais de découvrir l'astuce utilisée par notre concurrent pour être moins cher que nous.

— OK, Hamdi, et combien ça vaut ce sumac ?
— Le sumac pur, sans huile essentielle, c'est 2 euros le kilo.
— Alors que l'origan de belle qualité vaut plus de 5 euros aujourd'hui, n'est-ce pas ?

## De la bonne herbe... à pizza

— Oui, tu fais le mélange que tu veux pour avoir un produit entre 2 et 5 euros. Mais il ne faut pas trop descendre le pourcentage d'origan, sinon tu n'auras plus assez de goût.

Je suis rentré en France, les six échantillons dans ma valise. Avec mon chef, nous nous sommes amusés à faire nos propres mélanges, plus précis, pour mieux coller aux exigences de prix et de qualité de chacun de nos clients. Une fois la composition fixée, je n'avais qu'à appeler Hamdi pour passer ma commande. Bien entendu, le mot « sumac » était totalement prohibé et remplacé par « kekik ». On se comprenait, et on ne sait jamais :

— Bonjour Hamdi, il me faut deux containers d'origan. On partira sur du 55/45 cette fois-ci... Oui, 55 % d'origan variété classique et 45 % variété « kekik »...

Malheureusement notre concurrent, nous voyant à nouveau dans la course, a trouvé un nouveau moyen pour baisser davantage ses prix. Nous avons alors aussitôt envoyé un échantillon à Hamdi pour comprendre comment il faisait :

— Allô, c'est Hamdi.

— Tu as examiné le nouvel échantillon d'origan d'Epicecorp ?

— Oui, il contient une bonne part de sumac... et de jeunes feuilles d'olivier coupées.

— Des feuilles d'olivier ! Et combien ça vaut, Hamdi ?

— Je peux en avoir pour moins de 1 euro le kilo...

## 20

## Le safran, reine des épices

Dans la famille de ma femme, personne ne travaille dans l'alimentaire. Ils sont donc, comme la très grande majorité des consommateurs, des victimes toutes désignées. De retour de ses vacances au Maroc, le cousin de mon épouse a tenu absolument à me montrer, outre des photos effrayantes où on le voit juché sur un dromadaire miteux, une petite boîte en bois qu'il tenait comme un trésor.

— Toi qui es un spécialiste des épices, ça va t'intéresser.

Il ouvrit alors la boîte avec précaution, un large sourire aux lèvres.

— Du safran pur du Maroc ! Je l'ai acheté à un petit producteur dans le souk de Marrakech. Ils travaillent en famille au pied de l'Atlas.

— Et tu l'as payé cher, ton safran ?

— Tu parles, j'ai fait une affaire, 50 euros, la jolie boîte en bois comprise. Mais j'ai négocié comme un malade, il en voulait 200 au début.

— C'est sûr que pour du safran, ce n'est pas cher du tout. Par contre, pour de la fleur de carthame...

— Hein ?

*Vous êtes fous d'avaler ça !*

— Ton « safran du Maroc », c'est de la fleur de carthame séchée... Je peux t'en avoir plusieurs kilos pour 50 euros.

Le safran mérite sans aucun doute un chapitre à lui tout seul. C'est LE produit le plus souvent daubé que j'ai vu dans toute ma carrière. Et, croyez-moi, j'en ai vu beaucoup. C'est d'ailleurs tout à fait logique, car c'est l'épice la plus chère au monde. Le prix de vente consommateur peut dépasser les 6 000 euros le kilo pour du safran d'Iran (une très bonne origine), voire 40 000 euros le kilo pour du français. On comprend aisément que cela puisse exciter certaines convoitises.

Ces niveaux de prix s'expliquent facilement, car il ne faut pas moins de cent cinquante mille fleurs pour obtenir un petit kilo du précieux stigmate. Imaginez, cent cinquante mille fleurs à planter et récolter, cent cinquante mille bouquets de stigmates à retirer délicatement de la fleur, sécher, conditionner. Et tout ça un par un, à la main s'il vous plaît.

Pour le safran vendu entier, sous forme de filaments, ce qu'on trouve le plus souvent sur les marchés de plein air, de Provence ou de Marrakech, c'est l'arnaque grossière qui consiste à faire passer du pétale de carthame ou de souci pour du safran. L'aspect peut être vaguement ressemblant, la couleur ocre orangée aussi, mais au niveau du goût et du pouvoir colorant cela ne vaut rien comparé au vrai safran, le *Crocus sativus*.

C'est tout simplement de la fleur de carthame, vendu comme « safran du Maroc », que les touristes comme le cousin de ma femme rapportent à pleins sacs de leurs vacances à Marrakech, pensant avoir

## Le safran, reine des épices

fait l'affaire du siècle. Pour ceux d'entre vous qui passent leurs vacances en Tunisie, en Algérie, en Égypte ou en Turquie, je vous laisse le soin de modifier les noms de lieux.

Le carthame n'est pas dangereux et il est utilisé en cuisine depuis toujours. Vous pouvez tout à fait en acheter, veillez simplement à le payer à son juste prix. Le différencier du vrai safran en filament entier n'est pas si difficile. Allez jeter un coup d'œil sur Internet pour voir à quoi ça ressemble.

Une arnaque fréquente et plus élaborée consiste à colorer un filament, qui peut être de la soie, du coton, de la barbe de maïs, ou une autre fibre végétale, avec du curcuma et/ou un colorant artificiel. Cela ne trompe pas un acheteur averti, mais certains faussaires sont très doués et un novice se fera avoir. Je ne parle même pas du consommateur lambda.

Une variante plus sophistiquée consiste à colorer du « blanc de safran ». Les filaments de safran sont en effet naturellement blancs à leur base, puis jaune clair, jaune orangé et enfin rouges à leur extrémité. Seule la partie rouge des filaments, riche en pigments et arômes, peut être appelée « safran ». Le blanc de safran est techniquement de la plante de safran, mais sans sa couleur ni son goût, et n'a pas droit à cette appellation. Si c'est bien fait, on peut se faire avoir car rien ne ressemble plus à un filament de safran... qu'un autre filament de safran.

Enfin, il y a les artistes, les magiciens de l'arnaque. Il m'est arrivé, à moi, professionnel expérimenté des épices, de me faire avoir en beauté, et de ne découvrir certaines fraudes qu'après une série d'analyses poussées, voire longtemps après que le safran eut été vendu et consommé. Les fraudeurs les plus

*Vous êtes fous d'avaler ça !*

malins mélangent du faux et du vrai safran, utilisent des colorants artificiels qui se comportent à l'analyse comme les colorants naturels du safran. Cela rend la supercherie plus difficile à déjouer car les analyses de routine ne décèleront rien d'anormal.

Sauf à acheter une marque connue, je vous conseille d'éviter le safran en poudre. Un acheteur professionnel de safran n'achète que des filaments, uniquement parce que les fraudes sont plus faciles à discerner.

C'est dans les poudres, pour finir de brosser le tableau, qu'on trouve les supercheries les plus extrêmes. Certains fournisseurs sont sans scrupule, totalement fous. Ils n'hésitent pas à mélanger des ingrédients tels que de la brique pilée, des colorants interdits cancérigènes, des substances minérales ou métalliques, etc., dans des mélanges de poudres impossibles à identifier.

L'imagination des fraudeurs est sans limite et on trouve tout cela quand on veut acheter du safran. Vous voilà avertis.

# 21

# On s'occupe de vos oignons

Un lundi matin, je vois fondre sur moi mon boss épanoui. Durant le week-end, il avait fait la cuisine avec sa femme et avait eu une révélation. Non, il ne divorçait pas, ça n'avait rien à voir avec sa femme, mais avec un ingrédient.

— Regarde ça, me dit-il tout excité le lundi matin en me mettant sous les yeux deux bulbes d'oignons.

— Ah, des oignons ? J'aurais préféré des croissants.

Je connaissais bien le marché des oignons car j'en traitais de gros volumes, et je ne voyais pas du tout où il voulait en venir.

Notre business pour les oignons et échalotes, c'était de les acheter frais en France, en Hollande, en Allemagne et en Pologne, et de les envoyer par camion dans des ateliers d'épluchage, en Pologne. Éplucher des oignons est un travail qui demande énormément de main-d'œuvre car pour un rendu parfait il ne peut pas être automatisé. Sachez donc que la plupart des oignons et échalotes cultivés en Europe sont envoyés en Pologne pour y être épluchés

*Vous êtes fous d'avaler ça !*

à la main avant de revenir dans leurs pays d'origine. Le coût du transport, ajouté au coût de la transformation réalisée en Pologne, est moins élevé que la même prestation faite directement sur les lieux de production, comme en Bretagne. Pas très écolo, mais c'est comme ça. Tous les oignons que l'on retrouve dans nos plats préparés industriels (sauces, pizzas, salades, soupes…), des milliers de tonnes de bulbes sont épluchés par des petites mains de l'Est.

— Regarde mieux, insista-t-il.

J'inspectai les oignons dont les vapeurs me piquaient les yeux et l'odeur massacrait celle de mon café matinal…

— Ben, le plus petit, un peu allongé, c'est une échalote, et l'autre un oignon rose de type échalion, vulgairement appelé « échalote cuisse de poulet ».

— Exact, répondit-il avec un grand sourire, une échalote de Bretagne, de Saint-Pol-de-Léon, qui vaut la peau du cul, et l'autre un oignon rose de Pologne, qui vaut trois fois moins cher.

— Oui, je connais les prix, mais l'échalion, c'est un oignon, pas une vraie échalote. Si l'échalote est plus chère, c'est que les rendements sont moindres, que c'est plus difficile à cultiver, et surtout que le goût est bien meilleur.

— Et si on pouvait vendre de l'oignon au prix de l'échalote ? insista-t-il.

— Ce serait génial, mais personne ne prendra un oignon pour de l'échalote, rétorquai-je en haussant les épaules. Visuellement déjà, c'est différent. L'échalion est plus gros, la couleur est pas tout à fait la même, et aussi la forme.

## On s'occupe de vos oignons

— Alors... dit-il en posant les bulbes sur une feuille de papier avant de sortir un cutter de son tiroir de bureau,

... il faudra transformer ces oignons... continua-t-il en tranchant les bulbes en rondelles avant de les hacher,

... en échalote, termina-t-il en me présentant les petits cubes.

J'examinai les deux petits tas grisâtres parsemés d'éclats roses/rouges.

— Oui, ça se ressemble assez.

— Une fois surgelés, ou encore mieux déshydratés, personne ne pourra faire la différence.

— Et le goût ? ajoutai-je.

Il me fixa deux secondes avec un regard qui voulait dire quelque chose comme « mais t'es idiot mon pauvre garçon ou tu le fais exprès ? », avant de reprendre d'un ton assuré :

— T'inquiète pas pour le goût. Tu verras que si on vend de l'échalote 10 ou 20 % en dessous des prix de marché, personne ne se plaindra même si c'est un peu fade.

Et il avait raison, mon chef. Une stratégie à la chinoise.

On a vendu quelques milliers de tonnes d'« échalotes » coupées, en lanières ou en cubes, fraîches, surgelées ou déshydratées. Personne ne s'est jamais plaint de la qualité du produit ni de son manque de goût. De toute façon, si on a inventé les arômes et les colorants, c'est bien pour donner de la couleur et du goût à des produits qui en manquent, non ?

Malheureusement, comme toutes les belles histoires, cela n'a pas duré. Enfin, pour nous du moins.

*Vous êtes fous d'avaler ça !*

L'astuce a perdu de son intérêt quand des Hollandais se sont mis à faire la même chose, inondant le marché « d'échalote » bas de gamme, et provoquant du même coup l'effondrement des prix.

Le coup de grâce est arrivé un peu plus tard, quand un concurrent de l'est de la France a commencé à importer de la « véritable échalote »... d'Inde ! N'importe quoi !

Enfin non, même si nous en avons souffert, je dois reconnaître que c'était plutôt bien joué en réalité. Car si des contrôles sont faits en Europe – ils sont rares, mais cela arrive –, qui ira vérifier, en Inde, que c'est de la véritable échalote qui est transformée, et pas du vulgaire oignon ?

Résultats : il nous a piqué nos derniers clients, et il a même réussi à reprendre une grosse part du marché aux Hollandais.

Chapeau bas !

# 22

# Il est passé par ici, il repassera par là

L'affaire des lasagnes à la viande de cheval est un parfait cas d'école qui nous montre l'importance pour un industriel malin d'une bonne maîtrise de la chaîne logistique. Il illustre magnifiquement l'utilité, pour les sociétés peu scrupuleuses, d'avoir des filiales, ou de faire appel à des sociétés amies (complices si vous voulez), judicieusement implantées dans certains pays stratégiques.

Dans ce cas particulier, tout commence, souvenez-vous, par des abattoirs situés en Roumanie, Carm-Olimp et Doly-Com pour être précis, qui proposent à la vente de la viande de cheval. Rien d'illégal jusque-là, bien que je me pose beaucoup de questions sur l'origine des chevaux et leur qualité alimentaire, mais nous y reviendrons plus tard.

Intervient ensuite une société de négoce, Draap Trading Limited, déclarée à Chypre, mais appartenant à une holding des îles Vierges britanniques, utilisant une boîte postale belge, et qui stocke ses produits en Hollande, dans la ville de Breda. Son directeur néerlandais, bien connu dans le petit monde de la viande, avait été condamné en janvier 2012

*Vous êtes fous d'avaler ça !*

à neuf mois de prison par le tribunal de Breda, pour avoir vendu de la viande de cheval sud-américaine comme étant du bœuf allemand halal. Eh oui, ça arrive !

La viande de cheval de Roumanie sera ensuite revendue telle quelle par notre négociant cyprio-belgo-anglo-néerlandais à différents clients dans toute l'Europe, dont une grosse partie, 750 tonnes au moins, se retrouve chez Spanghero, en France. Vous suivez toujours ? Bon.

Spanghero, sans la transformer le moins du monde, revend à son tour cette viande, du bœuf dorénavant, du moins c'est ce qui est indiqué sur les étiquettes et les documents, à différents clients, dont 550 tonnes à Tavola, filiale luxembourgeoise du français Comigel.

Avec ce « bœuf », Tavola va produire, sans se poser davantage de questions, quatre millions et demi de plats préparés pour de nombreux clients, industriels ou distributeurs, dont Findus en Suède.

J'en entends qui se disent « ouille, ouille, ouille, c'est compliqué ! ». C'est en effet une bonne analyse, et sachez que, compliqué, ça l'est à dessein. Plus on passe de frontières, plus on a d'intervenants, de documents différents dans des langues différentes, et plus c'est difficile pour les services des douanes ou sanitaires nationaux de suivre et de comprendre ce qui se passe. Sachez également que certains pays sont plus laxistes que d'autres au niveau des contrôles. Lorsque j'avais des lots douteux à dédouaner (formalité qui permet à un lot de marchandise « d'entrer » officiellement en Europe, où il peut ensuite circuler et être négocié librement), je le faisais

*Il est passé par ici, il repassera par là*

généralement en Hollande, en Belgique ou au Luxembourg. Or, Draap Trading stockait en Hollande, avait une adresse en Belgique, et Tavola produisait au Luxembourg. Un hasard ? Et même si c'est compliqué, que de nombreux intervenants prennent une part du gâteau au passage, le jeu en vaut la chandelle : la viande de cheval coûte trois fois moins cher que la viande de bœuf. Les profits tirés de cette fraude à grande échelle sont donc énormes !
Qui osera encore dire que l'argent ne se trouve pas sous le sabot d'un cheval ?

Le plus souvent, ce n'est pas la nature du produit qui pose problème, mais son origine. Faire passer un produit pour un autre trompe rarement les professionnels qui en sont les meilleurs spécialistes. La viande de cheval est différente de la viande de bœuf, et la plupart des « victimes » savaient que le bœuf qu'ils achetaient avait un goût, une texture et une couleur qui ne collaient pas. En revanche, déterminer l'origine d'une viande de même qualité, brésilienne ou allemande, du safran de grade identique d'Espagne ou d'Iran, du miel de la même fleur de Turquie ou de Chine... c'est presque impossible, alors que les prix et contraintes pour importer varient grandement suivant l'origine.

C'est pourquoi nous avons une filiale à Dubai. C'est un merveilleux pays de transit pour les marchandises dont on veut maquiller l'origine véritable.

Attention, c'est un sujet tabou. Inabordable non seulement avec un représentant quelconque d'une autorité tout aussi quelconque, mais également avec tous les intervenants concernés qui font toujours

*Vous êtes fous d'avaler ça !*

semblant de ne pas comprendre et changent rapidement de sujet de conversation. Expliquons.

Partons du postulat que le monde est en guerre. Si, si, je vous assure, certains ne le savent pas, isolés dans leur bulle, mais le monde est en pleine guerre économique. Les batailles se gagnent à coups de contrats export signés, ou se perdent lorsque des importations massives déséquilibrent la balance du commerce extérieur.

Exporter, c'est source de revenu et d'activité, donc d'emploi, pour le pays qui vend. Chaque pays doté d'un minimum de bon sens utilise toutes les armes à sa disposition pour favoriser ses exportations et réduire ses importations.

Dans cette nouvelle guerre froide, les belligérants avancent masqués et certains disposent de plus de puissance de feu que les autres. Certains sont combatifs et réalistes, quand d'autres s'illusionnent sur une situation qui les dépasse et qu'ils ne maîtrisent déjà plus.

Les armes d'exportations massives utilisées sont : subventions ou aides diverses, dumping social, monnaie artificiellement sous-évaluée... À l'inverse, les droits de douane érigés comme de vraies barrières, des exigences, voire embargos sanitaires, ou encore les quotas, permettent de limiter l'entrée dans le pays de marchandises ciblées.

Ainsi, nous importons en Europe de grosses quantités de divers produits qui doivent acquitter de droits de douane à leur entrée dans le Marché commun. C'est le cas, par exemple, des noisettes de Turquie (premier producteur mondial) qui sont largement utilisées dans les pâtes chocolatées à tartiner,

*Il est passé par ici, il repassera par là*

ou que l'on retrouve dans nos tablettes de chocolat. Les droits d'importation qui les concernent sont actuellement de 3 %. Il faut savoir encore que les noisettes turques sont largement subventionnées par les autorités locales, et bénéficient de tous les soins de leurs producteurs qui ne se gênent pas pour utiliser en grande quantité des produits phytosanitaires interdits en Europe, ce qui augmente sensiblement les rendements et contribue à baisser les coûts.

Pour éviter de payer ces taxes, mais encore pour échapper aux contrôles sanitaires nécessaires à leur entrée en Europe, nos noisettes turques sont expédiées par bateau à notre filiale de Dubai (pays où les noisettes de cette origine ne paient pas de droits de douane), puis aussitôt réexpédiées en Europe. Ce sont les mêmes noisettes, sauf qu'elles ne sont plus turques mais « grecques » avec documents officiels à l'appui, et donc exonérées de droits et sans l'obligation d'un certificat sanitaire car déjà européennes. Facile, et très rentable.

Il arrive également, de temps en temps, qu'un produit originaire d'un pays tiers soit provisoirement interdit à l'importation lorsque les autorités du pays de destination ont la « chance » de constater un vice, réel, potentiel, ou imaginaire, sur ledit produit.

Ainsi, les Japonais ou les Chinois ferment immédiatement leurs frontières aux vins, fromages ou autres produits alimentaires européens dès l'apparition d'un soupçon qualitatif, une bactérie patibulaire, ou un additif mal identifié par exemple. Les Européens font de même, tout comme les Américains...

*Vous êtes fous d'avaler ça !*

Ainsi, il y a quelques années, l'Europe avait décrété un embargo total sur la production animale chinoise à cause de la présence massive d'antibiotiques interdits dans ses produits.

Cela aurait dû poser à notre société de grosses difficultés d'approvisionnement car nous achetions beaucoup de produits chinois concernés par l'interdiction, comme de la gelée royale, ou des écrevisses surgelées. La Chine était, de très loin, le premier producteur mondial, pour ces deux produits.

Mais pas du tout en réalité. Il a suffi qu'un de nos fournisseurs vietnamiens, très futé, achète pour nous de la gelée royale en Chine, et nous le réexpédie avec un certificat d'origine vietnamien. Idem pour l'écrevisse, mais via la Turquie cette fois. Ainsi, la Turquie, pays qui exportait bien un peu d'écrevisses mais dont les ressources étaient pratiquement épuisées, a, en quelques semaines, miraculeusement exporté en Europe d'importants volumes d'écrevisses « turques » aux yeux bridés, sans que cela n'éveille le moindre soupçon chez les autorités compétentes.

De nombreuses sociétés se comportent de même pour des tas de produits.

Savez-vous que les plus gros acheteurs de safran espagnol (ou vendu comme tel) sont les États-Unis ? Or, l'Espagne exporte plus de safran « espagnol » que ce qu'elle peut produire. Bizarre non ? D'autant que la différence est en fait constituée de safran importé d'Iran, premier producteur mondial. Ainsi, les États-Unis peuvent-ils acheter la quantité nécessaire de safran sous pavillon espagnol, sans devoir

*Il est passé par ici, il repassera par là*

commercer avec l'Iran, pays contre lequel ils ont décrété un embargo.

Personne n'est dupe, en tout cas pas les professionnels ni les douanes, et encore moins les politiques, mais tout le monde fait comme si cela n'existait pas. Surtout pas de vagues, de gros intérêts sont en jeu.

Ah, j'oubliais, je vous avais promis de reparler de cette fameuse viande de cheval de Roumanie.
Les abattoirs, aucun doute là-dessus, sont situés en Roumanie. En revanche, personne n'est vraiment sûr de l'origine réelle des animaux, car l'Europe n'est pas très à cheval sur la traçabilité pour cette espèce. Roumaine ? Peut-être, mais peut-être pas. Il n'existe tout simplement pas de système fiable de traçabilité européen pour les chevaux.
Par exemple, en Suède, pays qui, comparativement à la Roumanie, est plutôt avancé, vous en conviendrez, selon l'association de l'industrie équine locale (HNS), ce sont quelque quatre à neuf mille chevaux qui « disparaissent » chaque année, pouf, volatilisés. Ces animaux n'apparaissent simplement plus nulle part, sans que leur mort ou leur abattage n'ait été déclaré dans le pays. Ainsi plus de cent mille chevaux suédois ont disparu des statistiques depuis l'an 2000.
Comme il est fort peu probable que ces cent mille chevaux soient retournés à la vie sauvage, ou allés mourir dans un cimetière secret, l'explication la plus plausible est que ces animaux ont simplement discrètement quitté le pays. Ils ont ensuite été abattus illégalement dans des abattoirs polonais ou roumains

qui paient pour ces bêtes au bas mot le double de ce que paient les abattoirs suédois.

Combien de chevaux disparaissent ainsi dans les autres pays, combien à l'échelle de toute l'Europe ? Impossible de le savoir.

Or, la traçabilité est essentielle pour la protection des consommateurs. Elle permet de faire le lien entre les origines des problèmes et leurs potentielles victimes. Ainsi, dès qu'un problème est identifié sur un lot, on peut rapidement procéder au retrait de la marchandise, informer et aider les victimes.

Pourtant, la traçabilité, même si elle est indispensable, ne suffit pas. Il faut également mettre en place des contrôles sérieux et généralisés. Contrôles documentaires, contrôles des espèces réalisés avec des tests ADN, recherche des molécules chimiques ou médicamenteuses... Tout cela en fonction de l'aliment à contrôler et des risques propres à ce produit, qui sont généralement bien connus des professionnels et des autorités.

En Angleterre, par exemple et pour rester sur nos grands chevaux, ce sont quelque neuf mille canassons par an qui y sont abattus. Des tests réalisés dans ce pays, en 2012, ont montré la présence de quantités significatives de phénylbutazone, un anti-inflammatoire puissant, dans 6 % des carcasses de chevaux. Or, les Anglais ne consomment pas de cheval, qu'ils considèrent comme un animal de compagnie. Ces carcasses sont donc exportées, et consommées généralement en France, où il n'y avait jusqu'alors que de rares contrôles aléatoires, totalement insuffisants. On peut donc logiquement en conclure que plus de cinq cents carcasses de chevaux imprégnées

## *Il est passé par ici, il repassera par là*

de cette substance ont été consommées en France chaque année. Inquiétant lorsqu'on sait que la phénylbutazone est totalement prohibée dans la chaîne alimentaire, car elle provoque chez l'homme des problèmes graves de moelle osseuse et de sévères anémies.

Après cela, si je devais donner un conseil ? Eh bien, sans hésiter je vous dirais que, pour vos achats alimentaires, il faut toujours privilégier la proximité. Choisissez les origines locales ou nationales. D'une part, c'est bon pour l'emploi, de l'autre, les produits qui n'ont pas traversé de multiples frontières présentent forcément moins de risques d'adultération, de mélange, ou de tromperie sur les origines, l'espèce ou la qualité. Nous avons la chance d'avoir dans notre pays des produits variés et de qualité, ce sont eux qu'il faut choisir.

## 23

## Trois cents tonnes de pes-thé-cides

Mon collègue Daniel, Dany ou « Moustaf » pour les intimes, est responsable de la branche « Thés et produits orientaux ». Ses clients sont, pour l'essentiel, en Afrique francophone ou au Moyen-Orient. Il traite de gros volumes de thé vert de Chine, mais aussi du thé noir bas de gamme d'Iran ou d'Afrique, et quelques produits spécifiques comme le miel daubé, les arômes pour pâtisserie. Nous travaillons également ensemble pour les épices.

Daniel est tout ce qu'il y a de plus breton, mais avec ses cheveux noirs hirsutes, son menton savamment mal rasé aux poils sombres, ses conversations au téléphone ponctuées de mots arabes, il me fait davantage penser à un vendeur de kebab turc. On s'entend bien tous les deux, et on aime se retrouver, tous les matins, devant la machine à café pour discuter des derniers résultats de foot ou de rugby (mais si vous avez été attentifs, vous le savez déjà). Sauf que, il y a quelques mois :
— T'as pas l'air dans ton assiette, Dany ? Un truc qui cloche ?

— C'est à cause des pesticides. J'ai 300 tonnes de thé vert de Chine, du Gunpowder, en stock, et c'est pourri en pesticides, des doses à tuer un cheval.
— Et alors ? C'est pas nouveau, dis-je, surpris qu'il s'inquiète pour si peu. Que je sache, on a toujours trouvé plein de pesticides dans les thés chinois, largement au-dessus des normes en général, tout le monde le sait et personne n'a jamais rien trouvé à y redire.

Il posa doucement son gobelet de plastique et me lâcha en baissant la voix :

— Ouais, mais, cette fois-ci, c'est pas un problème interne ou avec des clients. Garde-le pour toi, mais il y a quelques jours les Fraudes ont débarqué dans nos entrepôts et fait des prélèvements. Quand les résultats sont sortis, ils ont tout bloqué. On peut pas y toucher pour le moment et on est dans l'attente de leur décision finale.

— Ils donnent quoi, ces résultats ?

— Ils veulent rien dire, c'est juste bloqué, mais il n'y a rien d'officiel pour le moment.

— Ben merdalors.

Pour une tuile, c'était une tuile, et une grosse. Si les Fraudes avaient découvert que le thé de Chine contenait beaucoup trop de pesticides, ce que tous les professionnels du thé savaient depuis longtemps, ils allaient nous demander de détruire les lots, cela ne faisait aucun doute.

— Si on doit détruire 300 tonnes de came, je vais me faire lourder, s'inquiétait donc Dany, à juste titre.

Cela me désolait, Daniel était un garçon gentil et agréable tombé dans la mauvaise maison. Je l'aimais bien et, égoïstement, je craignais de devoir boire mon café seul dans un proche avenir, ce qui est nettement moins fun.

— On ne peut pas contester et faire des contre-analyses ? demandai-je, sans grande conviction, juste pour relancer la conversation.

— T'es con ou quoi ? Tu l'as dit toi-même, on savait bien que c'était daubé. Une contre-analyse servirait à quoi ? C'est ma faute, j'aurais pas dû faire autant de stocks.

— Et discuter avec les Chinois pour une compensation ? Après tout, c'est de leur faute si on a trop de pesticides.

— Mais qu'est-ce qui t'arrive aujourd'hui, t'as fumé ou quoi ? T'as déjà obtenu une seule fois dans ta vie le remboursement d'un lot pourri, déjà payé, par un Chinois ? Et on parle de 300 tonnes je te signale, il y en a pour plus d'un million.

Ouah ! Il allait se faire lourder, c'était sûr.

Les jours suivants, Dany a soigneusement évité de croiser mon regard. Il ne prenait plus de pauses et je buvais dorénavant mon café tout seul. Désolant. Les poches sous ses yeux avaient atteint la taille d'un gant de toilette, et il ne prenait même plus la peine de fignoler son allure de baroudeur à la barbe de trois jours. Cela sentait la fin et je m'attendais à voir son bureau vidé d'un jour à l'autre.

Et puis, un matin, coiffé et rasé de près, Dany m'accueillit avec le sourire.

— Viens, je t'offre le café.

Sans même attendre la pause, et avec le boss encore dans la pièce, c'était plutôt inhabituel.

— Tu devineras jamais, me lança-t-il, radieux devant la machine.
— T'as trouvé un nouveau job super bien payé et tu te fous qu'on te vire ?
— Mais non, t'es con. Pour le thé, les Fraudes laissent tomber !
Ça, c'était pas banal.
— Comment ça, « laissent tomber » ?
— Les lots sont libérés, je peux les vendre !
J'en croyais pas mes oreilles. Par quel miracle les Fraudes laissaient-elles sur le marché des lots de produits alimentaires qu'elles savaient hors normes ?
— Et les pesticides, les normes, les analyses ?
— La procédure est annulée, me lança-t-il comme s'il m'annonçait qu'il venait d'être papa pour la première fois.
— Mais pourquoi ? C'est pas logique.
— On sait pas, le boss aussi est sur le cul. J'ai reçu un coup de téléphone de l'inspecteur hier soir qui m'a dit qu'on pouvait y aller... mais qu'ils ne feraient pas d'écrits. Il ne veut pas nous autoriser officiellement à vendre un produit hors normes, mais ils fermeront les yeux le temps que de nouveaux lots corrects soient livrés.
— Ben merdalors.
— Je te laisse, je dois liquider rapidement mon stock avant qu'ils changent d'avis. La prochaine fois, j'en ferai entrer moins et surtout du moins pourri. Le daubé, je l'enverrai directement de Chine en Afrique. On peut dire que le boulet n'est pas passé loin pour mon Gunpowder... Ah, ah, ah !
Je n'y comprenais rien. Il n'était pas dans les habitudes des Fraudes de laisser sur le marché des lots pollués et contaminés. Les trouver et les mettre

## Trois cents tonnes de pes-thé-cides

hors circuit sont leur raison d'être. J'avais déjà dû faire détruire pas mal de marchandise sous leurs injonctions, du miel, des épices, des huiles, et sans la moindre possibilité de discuter. Il faut reconnaître que ces molécules ne se contentent pas d'être cancérigènes, elles ont aussi une action sur la fertilité et le développement du fœtus, sans parler de leur impact sur l'environnement.

J'eus la réponse à ce mystère quelques semaines plus tard lorsque, au cours d'un contrôle dans une de nos usines, je rencontrais l'inspecteur qui s'était occupé du thé de Dany.

Sur le ton de la confidence, il me dit simplement que tous les importateurs de thé vert de Chine avaient été contrôlés en France et partout ailleurs en Europe, et que, bien entendu, le niveau de pesticides était trop élevé chez tout le monde. Logiquement, les services sanitaires de chaque État auraient dû bloquer ces lots, les faire détruire, et les organismes sanitaires centralisés européens se saisir de ce problème de santé publique et prendre des mesures pour l'ensemble de l'Union européenne, notamment des contrôles renforcés aux frontières, des quarantaines, des destructions de lots, des interdictions d'importer… Oui, mais voilà, c'était la Chine. Et la Chine compte beaucoup sur ses exportations de thé.

L'information était remontée aux plus hautes instances des États et il avait été décidé qu'il était urgent… de ne rien faire. Surtout ne pas fâcher la Chine, pour qu'elle continue à nous acheter quelques avions et ne bloque pas le vin français, les voitures allemandes, ou l'edam de Hollande à ses frontières.

*Vous êtes fous d'avaler ça !*

Le problème était connu de tous en Europe, mais personne ne voulait déclencher une guerre commerciale avec un partenaire aussi puissant et irascible.

En ce qui me concerne je ne bois que du thé bio et j'évite comme la peste les produits alimentaires chinois. Je ne tiens pas à choper un cancer, même si c'est pour une cause aussi noble que soutenir le commerce mondial et l'amitié entre les peuples.
Peut-être pensez-vous qu'éviter le thé chinois suffira à vous prémunir de ce problème de pesticides ? Encore une erreur. Nous faisons systématiquement une recherche complète de pesticide sur tous les lots de légumes et fruits surgelés que nous achetons. Eh bien, sachez que nous retrouvons des traces d'insecticides, sans compter les fongicides (destructeurs de champignons) et autres herbicides (contre les « mauvaises » herbes) dans... 100 % des cas. Et ce n'est pas « un » pesticide mais un minimum de trois ou quatre différents que nous identifions parmi les centaines de molécules recherchées (presque 700 aujourd'hui). Un consommateur, qui prend soin de sa santé et mange sagement, comme on lui a dit, ses cinq fruits et légumes par jour, ingurgite ainsi sans s'en douter un cocktail d'une dizaine de pesticides différents quotidiennement.

D'aucuns vous diront que les doses sont superfaibles et que tout cela est sans danger, sous parfaite maîtrise et autres contre-vérités. Désolé de vous enlever vos dernières illusions mais, en 2013, 3 % des lots contrôlés par l'EFSA (Autorité européenne de sécurité des aliments) dépassaient les limites per-

## Trois cents tonnes de pes-thé-cides

mises par la législation. Or, ces limites sont définies molécule par molécule, d'après des tests faits sur des souris, sans tenir compte des effets de synergie et cumulatifs induits par les cocktails ingurgités sur les humains. Et puis je m'interroge beaucoup sur les méthodes d'analyse de l'EFSA, parce que nous, nous trouvons beaucoup plus de 3 % de lots à problèmes.

Je pourrais vous parler de ces poivrons rouges d'Espagne qui ont fait plusieurs fois le trajet France-Espagne, avant qu'un fabricant de pizza ne les achète au rabais, car personne ne voulait utiliser des lots aussi chargés en méthamidophos. Ou encore de ces tomates dégorgeant de malathion, ou bien ces fraises, ces salades..., des centaines, des milliers de tonnes dont vous, consommateurs, vous nourrissez.

Mais, bien entendu, nous nous sommes des professionnels de l'agroalimentaire, des gens discrets, et notre rôle ne consiste pas à rassurer les populations.

# 24

# S.O.S. Vormischung!

Les produits les plus importants pour la Boîte, ceux qui font le gros du chiffre d'affaires, ce sont les « commodités ». Cette catégorie comprend en particulier les matières premières les plus communes, généralement cotées en Bourse, comme, pour l'alimentaire, le cacao, le café, les huiles, sucre, soja, blé... et, hors alimentaire, le pétrole, les métaux, le coton, le caoutchouc... Il s'agit, on l'aura compris, de denrées qui sont produites, et qui s'échangent en très grosses quantités. Ce sont des produits « de base » avec des cahiers des charges simples et standardisés.

Les autres produits, par contraste, sont appelés des « spécialités ». Ils sont généralement plus chers et à plus forte valeur ajoutée, mais les marchés et les volumes traités sont beaucoup plus faibles. Ces denrées sont infiniment plus variées, et en conséquence leurs cahiers des charges sont plus détaillés. Elles ne sont pas cotées en Bourse et les prix s'établissent au gré à gré entre un acheteur et un vendeur, contrat par contrat, après d'âpres négociations. C'est donc infiniment plus complexe et gourmand en ressources.

*Vous êtes fous d'avaler ça !*

Parmi les commodités, la catégorie reine chez nous, ce sont les huiles alimentaires. On jongle fréquemment avec des contrats qui dépassent le million d'euros et représentent plusieurs dizaines de milliers de tonnes d'huiles ; colza, soja avec ou sans OGM, tournesol, palme, arachide, maïs, olive vierge extra ou non, pépin de raisin, noisette, noix, sésame ou même karité, une huile originaire d'Afrique de l'Ouest, utilisée habituellement en cosmétique ou pour remplacer le beurre de cacao dans les chocolats bas de gamme.

Quand on m'a confié la responsabilité des achats des huiles, mon chef m'a pris à part :
— Tu sais qu'en France il existe une taxe sur les huiles ?
— Oui, bien sûr, la Bapsa, répondis-je du tac au tac.
— C'est ça, la taxe pour le Budget annexe des prestations sociales agricoles au profit du régime de protection des non-salariés agricoles. Une connerie franco-française qui n'existe pas dans les autres pays, histoire de nous rendre encore plus compétitifs. Tu sais que, sur chaque kilo vendu en France, on doit payer une taxe de 8 à 18 centimes d'euro. Cela nous coûte des millions chaque année.

Cela, je le savais pour l'avoir entendu se plaindre de cette taxe des dizaines de fois, c'était parfaitement clair pour moi. Je fis alors un commentaire de circonstance, juste pour montrer que j'étais en phase.
— En France, on ne sait pas résoudre les problèmes autrement que par les taxes, c'est vraiment nul.

## S.O.S. Vormischung !

— C'est exactement ça, exulta mon chef, ravi de voir en moi un allié indéfectible. C'est une connerie monstrueuse. Les produits français à base d'huile doivent supporter cette putain de taxe et se retrouvent pénalisés face aux produits fabriqués par les Boches, les Belges ou les Ritals. Mais heureusement il y a des subtilités...

— Comme quoi ? demandai-je en tendant l'oreille, avide d'être initié aux plus grands des secrets qui me rendront encore plus malin.

— ... Il suffit de ne pas acheter d'huile !

« Il suffit de ne pas acheter d'huile ! » C'était imparable, logique... mais complètement con. « Ne pas acheter d'huile », et après ? Avait-il perdu la tête ? Se moquait-il de moi ?

Content de son petit effet, il reprit :

— Il suffit d'acheter « autre chose » que de l'huile, comme du « sos Vormischung » par exemple.

— De la sauce à quoi ?

— Du sos vormischung, cherche pas, c'est de l'allemand. On pourrait traduire par « sauce de prémélange », mais ce que ça veut dire exactement on s'en fout.

— On la trouve où cette « sauce de prémélange », et ça change quoi, il nous faut de l'huile pour nos produits ?

— La trouver, c'est facile. Écoute-moi bien, ajouta-t-il en s'approchant de moi et dans un filet de voix, il suffit d'acheter de l'huile en Allemagne, en Espagne ou en Hollande, mais pas directement, via notre filiale allemande. En Allemagne, la Bapsa n'existe pas, personne n'ira leur poser de question là-bas. Notre filiale nous revend ensuite non pas de l'huile, mais de la « sos Vormischung ». En France, nous déclarons cette « sos Vormischung » comme une préparation alimentaire destinée à produire des sauces, sans préciser la teneur en huile, et le tour est joué.

— On ne parle pas d'huile ?

— Ce n'est pas de l'huile, ce n'est PLUS de l'huile, mais une « préparation », un « produit semi-fini ». Seul le terme « sos vormischung » figurera sur les documents, facture, bon de transport, spécifications.

— Mais il n'y a aucune transformation du tout si la filiale achète l'huile et nous la revend directement, ce n'est pas une « préparation », fis-je remarquer.

— Et alors ? Personne n'ira voir dans les cuves ni analyser la composition de notre « sos Vormischung ». On pourra toujours inventer une transformation fictive, je sais pas, moi, un contrôle visuel, l'ajout de sel, d'un additif ou de poudre de perlimpinpin, t'inquiète, on trouvera.

— Et en cas de contrôle ? risquai-je timidement.

— Tu sais très bien que les contrôles sont extrêmement rares et, pour nous coincer, il faudrait que le contrôleur puisse comparer nos documents avec ceux de notre filiale allemande, et aucune chance qu'il n'obtienne quoi que ce soit d'Allemagne, ils ont des consignes. Fais-moi confiance, il n'y aura pas de problèmes. Et même s'il y avait un souci un jour, la filiale allemande n'aura qu'à évoquer une erreur de traduction et modifier les papiers. On s'excusera platement : pardon messieurs dames, c'était juste une petite erreur sans malice, c'est la

## S.O.S. Vormischung!

faute aux Boches. Et tout le monde sera content. C'est zéro risque.

Et il avait raison. C'était facile et très rentable. Avant que je ne prenne le dossier en main, une partie non négligeable de notre huile était déjà achetée en Allemagne sous l'appellation fumeuse de « sos Vormischung ». Cela aurait pu continuer longtemps, mais, malheureusement, notre ingénieux secret fut éventé, par traîtrise. Un employé mécontent au courant de notre petit stratagème, passé à la concurrence, dévoila le pot aux roses. Notre confrère, mauvais joueur, ne trouva rien de mieux à faire que nous dénoncer aux autorités. Triste mentalité de collabo, je ne vous le fais pas dire.

Heureusement, notre bonne foi fut reconnue, ce qui nous évita toute sanction, et l'erreur de traduction fut promptement corrigée.

## 25

# Chasse aux gaspis version industrielle

Dans la vie de tous les jours, personne n'aime le gaspillage, et c'est encore plus vrai dans l'industrie. Tout ce qui n'est pas utilisé dans le produit, qui est jeté, c'est de l'argent perdu. Et ça, sentimentalement parlant, c'est dur à accepter. Alors vous seriez surpris de l'ingéniosité déployée pour utiliser tous les restes (je suis poli) à disposition, le terme technique est : « valoriser les sous-produits ».

Prenons les fruits par exemple. Dans la réalité d'aujourd'hui (ce que ne montre jamais la publicité, croyez-moi on y veille), les beaux fruits ne servent pas à faire les purées, coulis ou autres compotes et confitures, ce serait un parfait gâchis. Au contraire, on les sélectionne, et tous les efforts sont faits pour préserver leur intégrité et leur belle apparence (oui « apparence » seulement, car le goût ne compte pas trop dans l'industrie). Ces fruits, sans défaut, appétissants, sont vendus tels quels beaucoup plus chers grâce justement à leur aspect valorisant. Mis en conserve ou surgelés, ils servent essentiellement à la décoration pour les professionnels (tartes aux fraises industrielles, cerises sur les gâteaux des artisans, ou bigarreaux confits par exemple), ou sont vendus aux consommateurs directement. Pour les purées ou concentrés de fruits, qui sont à la base des préparations industrielles que l'on retrouve dans nos yaourts, confitures, sur nos biscuits, dans nos jus de fruits… on utilise surtout les fruits abîmés ou avec des défauts.

Pour la production de nos purées de framboises que je faisais fabriquer par un sous-traitant au Chili (ce pays s'est spécialisé dans la culture de ce fruit fragile, et de quelques autres, grâce à un terroir très favorable et produit à contre-saison par rapport à l'Europe, car situé dans l'hémisphère Sud), je ne connais personne qui mangerait la matière première que nous utilisons habituellement s'il la voyait. Les framboises à moitié pourries ne sont pas rares (ce sont les moins chères), et se fondent en une masse informe, habitées par quelques vers blancs et bien vivants.

Bien qu'il y ait quelques feuilles salies par un peu de terre, on obtient pourtant, après un broyage fin et un bon tamisage, une purée parfaitement rouge et délicatement parfumée. On stérilise, un peu de conservateur, comme du bon sorbate de potassium ou de l'excellent benzoate de sodium, si nécessaire, et bon appétit !

En Pologne, en Égypte, et en Chine, on fait exactement la même chose avec des fraises, en Serbie avec des griottes, en Turquie avec des abricots…

Eh oui, si vous pensiez que les jolis pots de confiture du supermarché, avec leur packaging à l'ancienne et leurs noms qui sentent bon le terroir, sont fabriqués avec des fruits frais de chez nous cueillis à pleine maturité, il faut d'urgence abandon-

*Chasse aux gaspis version industrielle*

ner vos dernières illusions. La confiture de fraises, la plus vendue, est généralement fabriquée avec des fraises surgelées de variété *Sanga sengana* très productive et résistante, importées en camions ou containers des pays de l'Est, voire d'Égypte. Et ne vous plaignez pas, c'est toujours mieux que certaines « confitures de fraises » bas de gamme que l'on trouve, par exemple, dans des coupelles plastique servies avec les petits-déjeuners dans nombre d'hôtels (pas seulement les premiers prix d'ailleurs) et qui ne contiennent pas de fraises du tout. Nous reparlerons en détail de ces confitures plus tard, patience.

Il n'y a pas que les fruits. On fait aussi des purées surgelées et des poudres de légumes, comme des cèpes, girolles, morilles et autres champignons sauvages. Ces produits servent à la fabrication d'aliments industriels « haut de gamme » comme des pâtes sèches aux champignons sauvages, ou des farces pour volailles. Mais si vous pouviez voir la matière première utilisée, vous seriez vers... pardon verts.

Et les épices, vous commencez à connaître. Je vous ai déjà divulgué certaines subtilités, mais je ne résiste pas au plaisir de vous parler de notre recette du « Ras-el-hanout ». Mais si, vous savez, ce mélange d'épices qui est incontournable dans la cuisine nord-africaine, et utilisé à profusion dans des plats tels que tajines et couscous. C'est de l'arabe, d'après ce que l'on m'a dit, qui veut dire un truc du genre « la tête du magasin », ou « patron de la maison », ou encore « premier de la cuisine » (désolé de ne

## Vous êtes fous d'avaler ça !

pas être plus précis, mais, chaque fois que je pose la question à une personne censée parler arabe, j'ai une réponse différente). Enfin, c'est supposé être un mélange des épices les plus rares et précieuses que l'épicier peut offrir, ce qu'il a de meilleur dans son magasin. On dit aussi que chaque ménagère berbère a sa recette, à base de boutons parfumés de roses de Damas, et de plusieurs dizaines d'autres épices dont, en bonnes cuisinières, elles gardent la liste secrète. Ce qu'on peut entendre comme conneries.

Notre recette à nous est simple : une base d'épices pas chères bas de gamme et... tous les déchets de l'usine. Pas de roses de Damas ou d'ailleurs, surtout pas d'ingrédients onéreux. Les échantillons divers et variés que nous envoient gratuitement les fournisseurs, hop dans le sac à ras el-hanout. Les résidus de nettoyage des machines, hop dans le sac à ras el-hanout. Les lots périmés, l'ail qui a pris en bloc, la farine ou les noisettes qui ont des insectes, le paprika qui a bruni, les fabrications qui ratent... ; tout ça, au ras el-hanout !

Alors, c'est vrai que notre mélange n'est pas toujours très régulier, je vous l'accorde. Parfois, il est un peu plus brun, d'autres fois il tire sur le vert, parfois un peu plus sucré, piquant... ou pas. On retrouve dans ce produit un peu de l'âme du sur-mesure, l'irrégularité qui fait le charme de l'artisanat, vous ne trouvez pas ?

De toute façon, personne ne sait quel doit être le vrai goût du ras el-hanout puisque je viens de vous dire qu'il n'existe pas de recette officielle, mais une infinité de variantes. Croyez-moi, personne ne s'est jamais plaint de notre ras el-hanout qui pro-

*Chasse aux gaspis version industrielle*

curait à nos chers clients un plaisir chaque fois renouvelé.

Et les productions de sauce qui foirent, que deviennent-elles ? Vous croyez que ça va à la poubelle ? Ben non, pourquoi ? Faut pas gâcher ! Une mayonnaise qui déphase, un ketchup un peu brûlé, une béarnaise trop vinaigrée, une moutarde oxydée, hop on « recycle », terme technique qui veut simplement dire qu'on va diluer une petite quantité de la production ratée dans une nouvelle toute fraîche toute belle.

Pareil pour un lot de miel de mauvaise qualité, ou bien de poivre, de coulis de chocolat, de pâte à tartiner, de confiture, etc. on recycle à petite dose.

J'en entends, des pointilleux qui s'offusquent, qui râlent dans le fond. Mais, enfin, puisque personne n'est malade, personne n'est lésé ! Où est le mal ?

Et puis, c'est moins de gaspillage, moins de pollution, c'est donc plus écologique, bon pour la planète. Une entreprise citoyenne doit bien penser à l'environnement, non ? On ne peut tout de même pas nous reprocher de mettre en place des filières de recyclage !

Enfin, ça revient moins cher, c'est donc excellent pour le sacro-saint pouvoir d'achat, et accessoirement notre marge.

# 26

# La lucrative technique du glazing

— Elles sont pleines d'eau ces crevettes !

En général, quand ma femme râle dans la cuisine, ce qui lui arrive assez souvent, j'évite de l'approcher. On ne sait jamais, dans ces moments-là, à quels dommages collatéraux on s'expose. Mais le mot « crevettes » avait éveillé ma curiosité si bien que, ayant pris mon courage à deux mains, je m'avançai prudemment.

Penchée sur l'évier, la mine déconfite, ma tendre épouse fixait un égouttoir en plastique d'un beau vert anis, dans lequel un petit tas rose pâle de crevettes décortiquées finissaient tranquillement leur décongélation sans rien demander à personne.

— Quel est le problème, pupuce ? m'enquis-je, comme le ferait tout bon mari affligé par le désarroi de sa moitié.

— Regarde ces crevettes ! J'en avais deux fois plus tout à l'heure. J'ai l'impression qu'elles fondent en se décongelant et qu'il ne va plus rien rester.

— On dirait des tropicales de chez nous, remarquai-je en examinant la scène du crime par-dessus son épaule. Montre-moi l'emballage.

— Tiens, me dit-elle froidement en me tendant un sachet plastique blanc et bleu à marque d'un supermarché.

— Ah, ben oui, notre code emballeur est bien imprimé sur le sachet, regarde. Pas de doute, ça vient bien de chez nous ! Faut pas acheter ça, pupuce, je t'ai déjà expliqué que c'est pas du bon produit. Et, en plus, nos dernières analyses ont montré qu'elles contenaient des traces de chloramphénicol...

— Du quoi ?

— Du chloramphénicol. C'est un antibiotique puissant et pas cher que l'on administre aux crevettes dans certains pays en le mélangeant à leur nourriture. Cela évite les infections qui peuvent découler de leur confinement en grand nombre dans les bassins d'élevage. C'est un produit super efficace, mais très dangereux. Il provoque une anémie, qui peut être mortelle pour les personnes sensibles.

— Alors pourquoi c'est autorisé ? s'indigna-t-elle.

— En Europe et dans tous les pays développés, c'est interdit, mais la plupart des pays producteurs l'utilisent encore. Je t'assure, faut pas manger ça, c'est un peu de crevettes avec beaucoup de flotte, des antibiotiques et des additifs.

— Et comment veux-tu que je le sache ? siffla-t-elle. C'est pas marqué sur l'emballage que c'est de la crotte.

— Je sais bien. Avec ces marques de supermarché, le client ne peut pas savoir d'où vient le produit, qui le fabrique.

— Mais comment pouvez-vous vendre des trucs pareils, c'est de l'arnaque.

## La lucrative technique du glazing

Ah, les reproches se font plus directs, elle ne va pas tarder à passer en revue la longue liste de ce qu'elle a à me reprocher, il est temps de m'esquiver.

— Je te laisse tranquille, je dois... je dois finir de ranger... un truc.

Bien sûr, elle a raison, comme souvent, même si je ne le reconnais jamais.

Il est vrai que les crevettes congelées sont entourées d'une généreuse pellicule de glace. Vous pouvez facilement le vérifier. Cette glace n'est pas venue là toute seule, c'est l'industriel qui l'ajoute, volontairement. C'est ce que l'on appelle le glazing, ou glaçage en français (mais tous les pros parlent anglais maintenant, ça le fait, *isn't it ?*).

Ce n'est pas, initialement du moins, une arnaque, mais au contraire une louable intention. La première fonction de cette glace est de protéger le produit congelé contre le dessèchement. Les crevettes qui ne sont pas glacées peuvent au bout de quelques mois dans l'air sec des frigos prendre un aspect de polystyrène blanchâtre, ou d'os de seiche. Les industriels sérieux, mais rassurez-vous ils sont rares, vont ajouter entre 5 et 10 % de glace autour des crevettes. Cela suffit à empêcher cette évolution. Bien entendu, l'étiquette doit mentionner le poids net congelé et le nombre de pièces. Les produits à base de crevettes correctement glacées mentionnent donc clairement le poids du produit proprement dit qui se trouve dans l'emballage.

Il n'y a pas que les crevettes qui soient glacées, c'est le cas aussi des moules et autres fruits de mer, écrevisses, filets de poissons, champignons de Paris

*Vous êtes fous d'avaler ça !*

et divers légumes... enfin presque tout ce qui peut se congeler.

Le procédé est assez simple. Il suffit de mettre en place des asperseurs en sortie de tunnel de surgélation (ni plus ni moins que des gros frigos très puissants, dont les plus performants utilisent de l'azote liquide). On vaporise sur les produits surgelés une eau refroidie, légèrement au-dessus de zéro degré, additionnée de sulfites et autres additifs (chacun a sa recette à base d'antibiotiques, stabilisants, conservateurs...). Au contact du produit, l'eau gèle instantanément, et le tour est joué.

Vous avez déjà compris que les petits malins, hé ! hé ! forcent la dose de flotte, et il n'est pas rare de trouver des lots de crevettes ou autres avec 30 à 40 % de glace, et donc avec un poids net gonflé. Facile et vachement rentable.

Mais nous, on est encore plus malins. Officiellement, pour mieux conserver le produit, on utilise un saturateur maison. Quésaquo ?

C'est une machine formidable, bien qu'elle n'ait rien d'impressionnant. Ça ressemble à une grande armoire métallique. Vous placez dedans une palette de n'importe quoi et le vide se fait dans l'enceinte en quelques secondes, ce qui a pour effet « d'ouvrir » les fibres des produits. De l'eau chargée d'additifs est ensuite injectée sous haute pression dans le saturateur. Cette eau additivée se loge au plus profond des fibres et gorge le produit. Il ne vous reste plus qu'à rapidement sortir la palette, qui a ainsi gagné quelques dizaines de kilos, et à surgeler en vitesse avant que l'eau ne ressorte. C'est comme ça qu'on arrive à faire des champignons de Paris aussi lourds que des cailloux quand ils sont congelés, et aussi

## La lucrative technique du glazing

légers que des chips après cuisson, quand leur eau s'est évaporée. Magique le progrès, non ?

Rassurez-vous, on n'a pas mangé ces crevettes. Ma femme n'achète maintenant que des crevettes nordiques, sauvages, pêchées au Canada, en Islande ou Norvège. C'est aussi bon et garanti sans antibiotiques.

# 27

# De la confiture de fraises sans fraises !

Ce matin, branle-bas de combat ; réunion de crise ! Ah, l'exaltation des réunions de crise... Ça arrive quelquefois quand un marché monte, ou baisse, brutalement, sans que personne, chez nous en tout cas, l'ait anticipé. Les causes ? Ça peut être n'importe quoi : une guerre, une grève, une catastrophe climatique, une nouvelle contrainte réglementaire ou... rien du tout. Dans le cas qui nous occupe, ce n'est que le résultat d'une manœuvre de spéculation savamment orchestrée par quelques-uns.

Les mouvements importants des cours sont à la fois des opportunités et des menaces pour des sociétés comme la nôtre. Pour faire simple, il ne faut surtout pas brader nos stocks si les prix flambent, et ne pas faire de stocks si ça plonge : comme tout le monde a tendance à faire ainsi, ces prises de positions ne font qu'accentuer la tendance.

Côté aubaine, des prix à la hausse permettent aussi de faire le ménage dans les stocks car les clients sont plus que jamais à la recherche de lots pas chers pour protéger leurs marges. Du coup, ils sont beaucoup moins regardants. Le résultat est qu'en période de crise les produits sont beaucoup plus chers et paradoxalement, la qualité se dégrade. Plus cher et moins bien pour résumer.

— On a le feu sur les amandes ! annonça mon boss d'un ton théâtral. La récolte a pas été bonne, le climat trop froid, les abeilles décimées par les pesticides, et ces cons de Chinois qui se mettent à en bouffer comme des malades. Mais surtout les plus gros exportateurs de Californie annoncent qu'ils limitent leurs exportations.

Là, il faut comprendre ce que le boss veut dire : pas d'incendie en perspective, mais les prix des amandes qui montent dangereusement. C'est fâcheux car nous sommes un intervenant relativement gros sur ce marché et, comme c'est un produit déjà cher en temps normal, nous avons peu de stock pour ne pas immobiliser trop de trésorerie.

— Achetez tout ce que vous pouvez trouver d'ici ce soir, continua-t-il, et surtout surveillez vos positions.

Là, il veut dire qu'il faut faire gaffe à ce que nos fournisseurs livrent bien leurs contrats. Il est fréquent, en effet, voire systématique avec les Chinois, les Indiens ou les Hollandais, que les marchandises ne soient pas livrées quand les prix flambent. Tous les prétextes leur sont bons pour ne pas respecter les engagements pris et il faut alors ne pas hésiter à les supplier d'abord, et les menacer des pires représailles ensuite. Mais, pour les amandes, nous avons de la chance, les principaux producteurs sont aux États-Unis, en Californie principalement, et également, quoique dans une moindre mesure, en Espagne, pays où les gens tiennent plutôt parole. Ne me demandez pas pourquoi la parole d'un Amé-

## *De la confiture de fraises sans fraises !*

ricain vaut plus que celle d'un Hollandais, je n'en sais rien, c'est juste le fruit d'expériences personnelles chèrement payées.

À la fin de la réunion, tout le monde s'est levé comme un seul homme pour retourner rapidement à son poste, comme une équipe de pompiers sur le lieu d'un incendie. Mais, juste avant que je ne sorte, mon boss me retint par le bras :

— Attends, j'ai un truc dont je dois discuter avec toi, me dit-il tout bas en regardant les autres partir.

Je commençais à bien le connaître, et ce ton de conspirateur me laissait présager que nous n'allions pas tarder à nous montrer des plus malins.

Une fois seuls dans la pièce, il referma la porte avec précaution et me demanda tout de go :

— Faut que tu me trouves super rapidement, et discrètement, quelques tonnes d'amandons d'abricot. J'ai besoin d'un goût le plus neutre possible.

— Oui, pas de problème, je vais te trouver ça, j'ai de bons contacts en Turquie ou en Iran. C'est pour quel client ?

— Un Belge.

— Ah ! Je vois.

Pour bien comprendre l'importance de ce détail, il faut savoir que nos clients les plus... disons « tordus » étaient belges. Si bien qu'on avait fini, par une sorte de conditionnement psychologique professionnel, à associer les termes « Belge » et « bandit ». Cela n'avait rien à voir avec un quelconque racisme anti-Belge, je les adore et je suis un fan absolu des frites au saindoux et des spéculoos, mais peut-être y avait-il en Belgique un microclimat favorable, ou plus vraisemblablement des lacunes dans les contrôles de conformité.

— Et sur les documents on met juste « amandon », tu as compris ? demanda-t-il les yeux dans les yeux comme pour sonder le fond de mon âme et y déceler la flamme noire de la loyauté au service du côté obscur de la Force.

— Oui, parfaitement.

Il ne fallait pas être un génie pour comprendre qu'avec la hausse de l'amande des petits malins allaient essayer de la remplacer par du noyau d'abricot qui coûte beaucoup moins cher. L'amandon d'abricot est différent de l'amande, « fruit de l'amandier » comme on dit entre spécialistes, et a un goût plus amer, ce qui en général ne permet pas de substituer l'un à l'autre. Mais, en période de crise, on sort facilement du cadre normal.

Nous avons donc acheté de l'amandon d'abricot en prenant bien soin de ne faire figurer sur tous les documents que le terme « amandon », appellation générique qui pouvait très bien s'appliquer aux deux fruits secs. Il ne fallait surtout pas qu'apparaissent les termes plus spécifiques « abricot » ou « amandier ».

Le client belge m'a donc acheté des tonnes de ces amandons d'abricot pour en faire de la pâte d'amande. Il en faisait de toutes les sortes, blanche, rose, verte, en sachets de Cellophane pour les enfants, ou en barre pour sportifs. La recette était simple : du sucre et sirop de glucose, de l'amandon d'abricot, des arômes, colorants et conservateurs. Et, bien sûr, pas, ou peu, d'amande fruit de l'amandier.

*De la confiture de fraises sans fraises !*

Ce même client a ensuite investi ses profits dans une installation flambant neuve de confiture industrielle. Vous savez, ces délicieuses confitures en coupelles plastique qu'on trouve dans les petits-déjeuners des hôtels à petits prix et dont j'avais promis de vous reparler.

Comme il était malin, lui aussi, il a cherché à reproduire son business-model de la pâte d'amande dans le domaine de la confiture. On lui a donc trouvé des akènes de fraise (les petites graines des fraises) dont se débarrassent les fabricants de jus, ainsi que des concentrés de fruits rouges et de sureau, beaucoup moins chers que la fraise.

La recette : sirop de fructose et de glucose (les sucres naturellement présents dans la fraise, censés provenir de vraies fraises, indispensables en cas d'analyse), eau, jus concentré de fruits rouges (pour la couleur), akènes de fraise (marqueur visuel pour faire authentique), pectine. Une très belle confiture de fraises sans fraises. Enfin, j'exagère, il y a tout de même quelques graines, c'est vrai.

Notre ami s'est ensuite lancé dans la production de pâte à tartiner aux noisettes sans noisettes, et de mayonnaise sans œufs. Un vrai magicien du Food business, le roi de la bouffe pas chère, le meilleur allié de notre pouvoir d'achat. Quand je pense que certains sont célèbres pour avoir simplement transformé de l'eau en vin... Travail d'amateur.

Puisque je viens de vous parler brièvement des sirops de fructose et de glucose, il me semble opportun de leur consacrer une petite parenthèse éducative. En effet, on retrouve ces sirops de sucres en bonne position dans les listes d'ingrédients d'une

*Vous êtes fous d'avaler ça !*

multitude de produits alimentaires, tels que les sodas et autres boissons sucrées, sorbets et crèmes glacées, mayonnaises, ketchups, charcuteries, confitures, coulis, nappages, produits de boulangerie, soupes et plats préparés, confiseries...

Dans « fructose », il y a « fruit », c'est donc le sucre qui est naturellement présent dans tous les fruits mûrs. Beaucoup d'entre vous seront donc surpris d'apprendre que le fructose produit industriellement est, lui, obtenu à partir de céréales, essentiellement le maïs ou le blé. Vous conviendrez qu'on est assez loin des beaux fruits sucrés et juteux que l'on pourrait imaginer. Le procédé est toutefois assez simple.

La première étape consiste à extraire l'amidon des céréales. Pour ceux qui ne le savent pas encore, le principal composant de la farine de blé, la farine boulangère toute bête obtenue par broyage et tamisage des grains, est l'amidon, un sucre dit « complexe ». Une farine classique en contient dans les 70 %. Pour faire simple, l'amidon est comme une longue chaîne avec, comme maillons, des molécules d'un sucre dit « simple », le glucose.

La seconde étape consiste justement à couper cette chaîne d'amidon pour libérer chacun des maillons et obtenir un sirop de glucose. C'est ce que l'on appelle l'hydrolyse de l'amidon qui nécessite l'utilisation d'enzymes (alpha-amylase et glucoamylase pour ceux que cela intéresse) produites par des organismes génétiquement modifiés à haut rendement, les fameux OGM.

Pour obtenir du fructose, une dernière étape dite de « conversion enzymatique du glucose en fructose » est mise en œuvre. Là encore, on utilise une

*De la confiture de fraises sans fraises !*

enzyme (glucose isomérase), elle aussi produite par des OGM, qui transforme une molécule de glucose en une molécule de fructose. Magique.

Vous vous doutez bien que, si l'on s'embête à produire ce sirop de fructose, c'est parce qu'il présente certains avantages notables pour l'industriel. D'un point de vue économique tout d'abord, le fructose est très intéressant car il est moins cher que le saccharose (notre bon vieux sucre de table, de canne ou de betterave). Son pouvoir sucrant est également supérieur, ce qui fait que l'on peut remplacer 100 grammes de sucre traditionnel par 60 grammes de fructose pour la perception d'un goût sucré équivalent.

Le fructose est également intéressant techniquement car, d'une part, il améliore la stabilité des produits auxquels il est incorporé et, d'autre part, il donne une belle coloration brune aux aliments cuits tels que les viennoiseries et autres produits de boulangerie.

Enfin, et c'est peut-être sa principale « qualité », bien que les industriels restent très discrets sur ce point, le fructose favorise la production de ghréline, une hormone qui stimule l'appétit. Pour être rassasié, le consommateur qui ingère du fructose devra manger davantage, ce qui se traduira *in fine* par plus de produits vendus. En clair, plus vous en consommez, plus vous en ressentez le besoin, c'est un système très similaire à l'accoutumance au tabac longtemps niée et favorisé par les fabricants de cigarettes.

Bien entendu, si on se place du côté des consommateurs, le constat est tout autre. Ajouter du sucre à son alimentation ne répond à aucun besoin biologique et la présence de fructose dans la nourriture industrielle n'apporte aucun bénéfice mais, au contraire, des inconvénients majeurs pour la santé. Un article du journal *Le Monde* du 30 janvier 2015, titré « Le fructose est le principal moteur du diabète », qui reprend les résultats d'une étude américaine publiée par la Mayo Foundation for Medical Education and Research, l'explique très bien :

« La consommation excessive de fructose entraîne des modifications métaboliques. Elle fait le lit du diabète de type 2 [forme de la maladie provoquée par une résistance des cellules à l'insuline et qui représente 90 % des formes de la maladie], une maladie dont l'accroissement – plus de 380 millions de personnes atteintes dans le monde – a pris des proportions épidémiques. Chaque année, plus de 5 millions de décès sur la planète sont dus au diabète, qui, avec l'obésité et la sédentarité, est un facteur de risque cardio-vasculaire. »

Aujourd'hui, un adulte sur dix dans le monde est atteint de diabète de type 2. Cette proportion a plus que doublé entre 1980 et 2008. Aux États-Unis, 75 % de la nourriture contient des sucres ajoutés et la consommation moyenne de fructose par personne atteint le niveau record de 83,1 grammes par jour. Plus d'un adulte américain sur trois est, à différents degrés, devenu résistant à l'insuline, signe d'un état de prédiabète qui évoluera à terme en un véritable diabète. Les chercheurs estiment que l'espérance de vie des personnes atteintes sera réduite de l'ordre de cinq à dix ans.

*De la confiture de fraises sans fraises !*

Pourtant, consommer du fructose à l'état naturel, dans des fruits, ne pose pas de problème pour la santé. La raison en est qu'un fruit mûr en contient très peu (pas plus de 1 % pour une pêche par exemple) et renferme également de l'eau, des fibres, des antioxydants et d'autres composants bénéfiques pour notre santé qui sont dramatiquement absents de la nourriture industrielle. Là est tout le problème. D'ailleurs l'OMS (Organisation mondiale de la santé) préconise sans ambiguïté de limiter l'énergie apportée par les sucres ajoutés à moins de 10 % de l'apport calorique journalier, voire de descendre sous les 5 % pour une santé optimale.

Mon conseil : mangez des fruits ! Et, pour le moins, évitez autant que faire se peut les boissons sucrées.

## 28

## Délocalisations : la loi de la jungle

Un de nos principaux concurrents a fermé une de ses usines, en Angleterre. Cette usine de traitement et de conditionnement d'épices, a-t-il été annoncé, n'était plus rentable, plus aux normes et les machines étaient totalement obsolètes. Une fermeture pour raisons technologiques, ou économiques, c'est selon.

Or, quelques mois plus tard, au cours d'une tournée en Turquie à la recherche de nouveaux fournisseurs d'épices, j'ai visité une superbe usine, toute neuve, située dans la zone franche d'Izmir. Copropriété de ce concurrent et d'une société locale, cette entreprise proposait ses services à une de nos filiales. J'ai eu la surprise de retrouver là, en fonctionnement, toutes les machines anglaises de l'usine qui avait fermé, mais bien entendu avec des ouvriers turcs pour les faire tourner. Certains étaient d'ailleurs occupés à conditionner tranquillement à la main des feuilles de laurier dans des petits sachets en plastique étiquetés « made in United Kingdom » – ce qui signifie « fabriqué en Turquie » comme vous l'aviez certainement compris. J'ai alors mieux saisi pourquoi il était moins cher que nous dans la plupart des appels d'offres où nous étions en concurrence.

Alors, nous aussi, pas moins malins que les concurrents, nous avons délocalisé, après tout, y a pas de raison. Et puis quel autre choix avions-nous ? Nous avons donc fermé, en France, une usine de traitement des herbes et épices, et une autre de production de surgelés, et licencié une cinquantaine d'employés. Salaires trop élevés, charges sociales et taxes en tous genres. Tout trop cher. Nos machines sont maintenant au Vietnam et en Chine, et font vivre désormais des salariés vietnamiens et chinois.

À l'intention de ceux que cela intéresse de comprendre comment on fait, c'est assez simple en réalité.

Première étape : choisir en toute discrétion, dans le pays à bas coûts sélectionné, les partenaires qui vous serviront de relais.

Seconde étape : par un effort discret de propagande, préparer les esprits à une possible et regrettable fermeture de sites. Pour cela, il suffit d'annoncer la mine renfrognée de mauvais résultats ou la perte de clients importants. Puis laisser mijoter à feu doux.

Troisième étape : construire sans publicité la nouvelle usine dans le pays choisi et organiser la logistique.

Quatrième étape : annoncer, avec des yeux mouillés et le ton funèbre, la fermeture de l'usine, le plan social, les licenciements, en exagérant sensiblement l'importance des charrettes pour permettre un semblant de négociation avec les représentants du personnel ensuite et faire mieux passer la pilule.

## Délocalisations : la loi de la jungle

Cinquième étape, le coup de grâce : fermer l'usine retenue après avoir fait un peu de stock pour laisser le temps à la nouvelle installation d'être pleinement opérationnelle et de prendre la suite en douceur.

Comme vous le voyez, rien de compliqué, l'important étant de respecter quelques règles élémentaires comme celle qui impose de sauver les apparences. Le libéralisme n'est pas l'absence de règles, c'est l'application de la loi de la jungle. Libéralisme n'est pas anarchie. Des règles, mises en place par les puissants existent pour favoriser... les puissants.

La vraie question n'est pas de se demander si c'est moral ou non, mais de savoir pourquoi délocaliser est-il si intéressant ? Tout simplement pour réduire ses coûts au strict minimum et réaliser un maximum de profits. Le b.a.-ba du capitalisme.

Pour rester compétitives, les entreprises vont, par obligation, rechercher des économies sur leurs coûts de production et finalement délocaliser leurs ateliers, leurs bureaux d'études, leur comptabilité, etc., dans les pays où les coûts sont les plus bas. Délocaliser répond à une nécessité vitale pour l'entreprise qui est mise dans une situation impossible par des politiques inadaptées. Une entreprise trop naïve ou trop peu réactive est simplement condamnée.

Comment voulez-vous remporter un marché dans la grande distribution, face à un concurrent anglais qui a délocalisé sa production en Turquie, même si vous proposez un produit de meilleure qualité, made in France, mais 20 % plus cher ?

*Vous êtes fous d'avaler ça !*

Or, comme le reconnaît l'Observatoire français des conjonctures économiques (OFCE), dans la *Lettre de l'OFCE*[1], « tous les pays sont mis en concurrence... les travailleurs qui ont réussi à obtenir des salaires, des conditions ou des législations du travail trop avantageuses se voient préférer des travailleurs moins exigeants ».

Ainsi, le coût d'une heure de travail non qualifié représente :
– pays du Maghreb (Tunisie, Algérie, Maroc) : 4 euros,
– pays d'Europe centrale et orientale (PECO) : 8 euros,
– Chine, Vietnam : 2 euros,
– France : 20 euros.

Un salarié chinois ou vietnamien, c'est moins du dixième du coût d'un salarié français, pour plus d'heures travaillées par semaine, moins de vacances, plus de docilité. Des salariés qui peuvent être virés sur l'heure sans préavis ni indemnités. Et, pour eux, pas de RMI, d'allocations-chômage, APL, CMU, pensions de retraite, école ou soins gratuits, allocations de parent isolé, minimum vieillesse, SMIC, prime de Noël et de rentrée scolaire...

La misère en Chine, ex-pays communiste, cela veut dire mourir de faim dans des maisons avec des toits de tôle et des murs en terre au fin fond des provinces reculées du Hebei ou du Yunnan. Vous comprendrez mieux alors pourquoi nos salariés

---

1. Lettre de l'OFCE n° 264 du lundi 4 juillet 2005, article de Catherine Mathieu et Henri Sterdyniak : « Délocalisations et emploi en France, que faire ? »

## Délocalisations : la loi de la jungle

chinois acceptent avec le sourire des conditions de travail que la plupart des gens refuseraient en France.

Et la distance n'est plus un problème. Le coût du transport, surtout maritime, à la suite du développement des échanges internationaux, n'a fait que baisser depuis vingt ans et n'est plus un frein aux échanges transcontinentaux. Les dernières générations de porte-containers transportent dix-huit mille containers par voyage entre Shanghai et Hambourg, pour moins de 1 000 euros par container, livré en trois semaines. Quand j'importe un container chargé de 20 tonnes d'ail déshydraté de Chine, premier producteur mondial, cela me coûte moins de 5 centimes d'euro le kilo pour le transport. Dérisoire !

Il n'y a pas que le coût du travail et la législation accommodante qui pousse à investir en Chine. C'est aussi une question de mentalité, de pragmatisme économique. Sachez par exemple que le terrain, entièrement viabilisé et clos, de notre nouvelle usine, nous a été donné par la municipalité. On n'a rien payé, nada !

Chaque année, nous recevons du gouvernement local une prime en cash proportionnelle à la valeur de nos exportations. Avouez que c'est autrement plus incitatif que l'extorsion systématique réalisée sur les maigres marges des entreprises par le fisc de certains pays que je ne nommerai pas.

Vous aurez donc compris que la délocalisation n'est, pour l'entrepreneur, qu'une réponse logique de bon gestionnaire : produire là où c'est le moins

*Vous êtes fous d'avaler ça !*

cher et vendre là où il y a du pouvoir d'achat. Les industriels ne font que tenter de tirer le meilleur parti des règles que les États leur imposent. Ils ne font pas les lois mais doivent faire avec.

# 29

# Supermarchés, alliés de votre pouvoir d'achat ?

La réunion de travail hebdomadaire avec les cat mans a été houleuse ce matin... Ah, pardon, un « cat man », c'est une abréviation pour « category manager » en bon français, ou tout simplement le commercial chargé de vendre une gamme de produits spécifique à un client de la grande distribution.

— Cat man 1 : Il me faut 100 000 flacons de ketchup 450 millilitres à marque Distribidule avec 20 % de gratuité pour les trente ans de l'enseigne.

— Moi : Pas de problème, mais ça coûtera 20 % de plus.

— Cat man 1 : On doit le faire au même prix, voire avec un rabais. C'est pour l'anniversaire, on doit participer, si on ne veut pas se faire sortir des rayons.

— Moi : On va donc vendre à perte, ce qui est interdit, comme on l'a fait avec ce même client le mois dernier pour la « quinzaine de rentrée », et deux mois avant pour l'opération « coup de pouce à vos vacances » et ainsi de suite.

— Cat man 2 : On n'a pas le choix, si on fait pas ces opérations on se fait remplacer aussitôt par des Hollandais ou des Belges.

— Moi : Ce ne sont que des prétextes pour nous faire cracher au bassinet et récupérer un maximum de marge. Ils disent la même chose aux Hollandais pour les racketter eux aussi.

— Cat man 3 : Moi, j'aurai besoin de faire des lots de champignons surgelés avec un sachet gratuit pour un sachet acheté, il faut m'en faire vingt mille pour les Supermachin du Sud-ouest. C'est pour leur quinzaine « produits du terroir ».

— Moi : Gloup, ça fait le produit à 50 %, on va perdre tout ce qu'on veut là-dessus !

— Cat man 3 : C'est ça ou perdre le marché national. Et j'en ai parlé au boss, il est d'accord.

— Moi : En plus c'est des champignons de Chine, tu repasseras pour le terroir.

— Cat man 3 : On s'en fout, la ménagère n'en saura rien. Sur l'emballage on mettra en avant la recette, une poêlée sarladaise.

— Moi : Mais, les gars, vous n'en avez pas marre de vous laisser piller par les enseignes ?

— Cat man 1 : Si tu savais. Tu ne vois pas tout mon pauvre vieux. Imagine-toi qu'on doit maintenant payer simplement pour présenter nos produits aux chefs de rayon ! Ça s'appelle les « salons régionaux internes ». On doit leur « louer » un bout de bureau une fortune, et la participation est obligatoire. Il y a aussi les pénalités de retard si le livreur se présente quinze minutes trop tard, les participations aux « budgets publicitaires » et autres promotions imaginaires. On doit payer pour la mise en rayon, la fidélisation à la clientèle, la casse... Ils en inventent tous les jours.

En tant que fournisseur, je suis bien placé pour vous dire que la grande distribution a fait main

## Supermarchés, alliés de votre pouvoir d'achat ?

basse sur l'industrie agroalimentaire de notre pays. Les cinq enseignes françaises sont présentes partout dans le monde, de la Chine à l'Amérique du Sud, en passant par l'Afrique. Cette réussite a été financée ces vingt dernières années par un saignement à blanc des PME françaises, et par une ponction indue du pouvoir d'achat des consommateurs, vous.

Le rapport de force est si déséquilibré qu'une petite ou moyenne entreprise ne pèse rien face aux mastodontes de la distribution. Les centrales d'achats leur imposent systématiquement des conditions abusives qu'ils doivent accepter avec le sourire. Ces contraintes mènent de nombreuses entreprises à la faillite ou, comme cela a été le cas pour nous, les poussent à délocaliser. Certains groupes de distributions se sont même fait une spécialité de racheter des petites sociétés qu'ils avaient auparavant acculées à la ruine.

Aujourd'hui, en France, il n'y a quasiment plus d'épiceries indépendantes, presque plus de boucheries, guère davantage de boulangeries. Les PME agroalimentaires n'ont qu'un seul débouché possible : vendre à la grande distribution. Pour cela, elles doivent commencer par passer à la caisse. On leur imposera de verser des budgets de référencement, des participations publicitaires ou autres prestations fictives. Une fois le produit en rayon, il lui faudra encore payer pour garder sa place, payer pour participer à des « opérations de promotion », type « anniversaire de l'enseigne », bref verser les fameuses marges arrière qui représentent une grosse part du prix du produit.

*Vous êtes fous d'avaler ça !*

Le problème, c'est que rien n'interdit à un supermarché de facturer à son fournisseur ces « prestations » ou des pénalités abusives. Et ils ne s'en privent pas, croyez-moi.

Ce n'est pas votre problème, vous vous en moquez ? Vous avez tort, car le consommateur ne peut en aucun cas être gagnant. L'industriel est contraint d'intégrer à son prix de vente toutes les marges arrière qu'il sait devoir verser par la suite et, pour rester néanmoins compétitif, de baisser ses coûts, donc *in fine* la qualité des produits.

Les grandes surfaces, avec leur boulimie de marges arrière, font sciemment monter les prix tout en faisant croire à leurs clients qu'ils se battent pour eux face aux méchants industriels. Mais sachez qu'aujourd'hui les marges arrière peuvent représenter plus de 60 % du prix final que paie le consommateur, la moyenne dans l'alimentaire étant autour de 35 %.

François Rullier, directeur des études de l'Institut de liaisons et d'études des industries de la consommation (ILEC), indique que lorsque le consommateur paie 10, l'industriel encaisse 6,50 et le distributeur 3,50. Lorsque le prix augmente, deux tiers vont dans la poche du distributeur, 10 % sont pour l'industriel, et un quart est reversé au consommateur sous forme de tickets de remise, bons d'achats, ce que l'on appelle les « nouveaux instruments de promotion », ou NIP. Vous constatez donc par vous-même qui a le plus intérêt à l'augmentation des prix.

Un mot sur les NIP, dernière trouvaille des supermarchés pour embobiner le gogo. Ces NIP sont

*Supermarchés, alliés de votre pouvoir d'achat ?*

financés par les marges arrière et sont donc déjà intégrés au prix de vente. Ces petites largesses, c'est vous qui les payez. Ce n'est pas pour rien que la France est un des pays les plus chers d'Europe (15 % plus cher que l'Allemagne par exemple, selon une étude du cabinet Morgan Stanley).

Or, rien n'interdirait aux grandes surfaces, en baissant simplement leurs prix par exemple, de rendre la totalité des marges arrière aux consommateurs, ce qu'elles se gardent bien de faire.

Sachez que l'État perçoit sa dîme au passage avec une TVA à 20 % sur les marges arrière, alors qu'elle n'est que de 5,5 % sur les produits alimentaires. Communauté d'intérêts ? À vous de vous faire une opinion.

Encore une information nécessaire à votre culture : pour certains produits, nous avons deux gammes identiques, mais avec un nom de marque différent, et... 40 % d'écart de prix de vente. Savez-vous pourquoi ?

Simplement parce qu'une gamme intègre les fameuses marges arrière et sera vendue cher aux supermarchés, alors que l'autre sera vendue à un prix réel de marché pour le hard discount qui, lui, n'impose pas de marges arrière.

Pourquoi deux gammes ? Pourquoi ne pas simplement changer le prix suivant le client ? Pour l'unique et bonne raison qu'il est interdit, en France, de vendre les mêmes choses avec un prix qui varie selon la tête du client, c'est discriminatoire. Une loi des plus louables mais facilement contournée par la mise en place de deux marques différentes pour les mêmes produits.

*Vous êtes fous d'avaler ça !*

Une entreprise qui veut vendre à la fois aux supermarchés classiques et au hard discount doit donc dédoubler ses gammes, en changeant les marques ou les grammages, bref en rendant les produits artificiellement différents. La loi est donc bafouée, les consommateurs sont égarés, seuls les supermarchés s'y retrouvent.

Il est également très difficile, quand on ne s'appelle pas Nestlé, Danone, ou Coca-Cola, d'obtenir le droit de mettre ses produits alimentaires dans les rayons d'une grande surface. Les places y sont très chères, et trustées par les leaders et les fameuses MDD, « marques de distributeurs » (ce peut être directement le nom de l'enseigne, ou une autre marque inventée lui appartenant et que l'on ne trouve que dans les points de vente de ce distributeur). Avec les MDD, le but des grandes surfaces est de s'approprier la marge générée par les grandes marques, et d'affaiblir ces dernières. Leurs produits concurrencent de manière déloyale les produits aux marques des industriels. Ils sont largement favorisés par les enseignes au niveau de l'implantation dans les rayons, et les marges sont bidouillées pour qu'ils apparaissent moins chers que leurs équivalents de grandes marques. Le consommateur n'a, lui, rien à gagner en réalité.

Pour survivre, les PME de l'agroalimentaire n'ont souvent pas d'autre choix que « de faire de la MDD », comprendre fabriquer des produits aux marques des supermarchés, sans possibilité de promouvoir la leur. Bien entendu, les supermarchés ne connaissent rien aux produits sur lesquels ils font

*Supermarchés, alliés de votre pouvoir d'achat ?*

apposer leurs noms et logos. Leur métier, c'est de distribuer, pas de fabriquer. Et comment pourraient-ils être les spécialistes des biscuits, soupes, plats préparés, crèmes glacées, couches culottes, shampoings, ou du petit électro-ménager...

Les acheteurs de supermarchés, débordés et mal payés, sont en charge d'un nombre important de produits qu'ils ne connaissent pas. Ils ne sont pas formés à ce qu'ils achètent et changent de catégorie de produits régulièrement, en moyenne tous les trois ans, pour éviter toute connivence avec les fabricants. Leur hiérarchie exerce sur eux une pression terrible pour payer les produits toujours moins chers. Pour ça, tous les moyens sont bons.

Alors, me direz-vous, s'ils n'y connaissent rien, comment font-ils pour faire fabriquer un produit et en maîtriser la qualité ?

Simple, ils demandent à l'industriel de copier les marques leaders (Nutella, Ricard, Coca-Cola, Lipton, Danone...) et d'apposer leur nom sur l'emballage.

Le cahier des charges du produit de MDD est calqué sur les caractéristiques du produit de grande marque. Bien entendu, il est exigé du fabricant une totale transparence des prix, le nom de ses fournisseurs de matières premières, le détail du process...

Pour s'assurer que le fabricant ne leur cache rien, on lui impose, et à ses frais, des certifications intrusives telles que le BRC (British Retail Consortium) ou l'IFS (International Food Standard) qui viennent s'ajouter aux certifications qualité usuelles dans l'industrie, telles l'ISO, l'HACCP (des référentiels

de normes qui valident les bonnes pratiques et l'efficience des organisations)...
Pour les emballages, pas de marketing compliqué. Encore une fois, on copie, on « reprend les codes » des leaders. Lors de votre prochaine visite dans votre supermarché préféré, observez comme les marques de distributeurs ressemblent aux grandes marques : formats, couleurs, illustrations, polices de caractère...
Tout est étrangement similaire, sauf le contenu.

Car quand je dis que les MDD copient les leaders, elles copient surtout ce qui se voit. Le résultat n'est généralement pas à la hauteur, essentiellement pour des raisons de savoir-faire, mais pas seulement. Le produit doit sembler équivalent, mais pour moins cher. Des marges insuffisantes sont concédées aux petits industriels, ce qui ne leur permet pas d'investir dans la recherche et la production, ni de bien payer leurs employés. Cette quadrature du cercle oblige généralement à des écarts sur la qualité des ingrédients, l'emploi d'additifs, et une dégradation de la recette originale.
Les niveaux de prix insuffisants nuisent bien évidemment à la qualité. Or, dans l'industrie pas de miracle, la qualité a toujours un coût et je peux vous dire que la qualité des produits que nous vendons à la grande distribution n'a fait que baisser ces dernières années, alors que les prix de vente au consommateur final n'ont fait qu'augmenter. Cherchez l'erreur.

Sceptiques ?
Jugez par vous-même, voilà comment cela s'est passé chez nous pour de la pâte à tartiner, de l'eau de fleur d'oranger, et du miel.

## Supermarchés, alliés de votre pouvoir d'achat ?

— Cat man Distrimiam : L'enseigne nous demande si on peut leur faire du Nutella à leur marque.

— Moi : Ils veulent donc de la pâte à tartiner aux noisettes qui ressemble le plus possible à celle de Ferrero vendu sous la marque Nutella, c'est bien ça ?

— C'est ce que je viens de dire, du Nutella, mais à leur marque à eux. Une copie quoi.

— OK, mais Nutella contient 13 % de noisettes, c'est l'ingrédient le plus cher de la recette, le reste c'est surtout de l'huile et du sucre. Si on part sur le même pourcentage de noisettes, on sera pratiquement au même prix qu'eux.

— C'est pas possible, s'exclame le cat man en sursautant, visage décomposé, comme si ma remarque était une attaque personnelle.

— On peut faire moins cher, mais le seul moyen, c'est de baisser la teneur en noisettes. Par contre, le produit ne sera pas tout à fait identique.

— Je vais en parler au client et demander des échantillons à la R&D.

C'est ce qu'il a fait et le client a accepté une pâte à tartiner aux noisettes avec 10 % de noisettes seulement, un peu moins de cacao, moins de poudre de lait, et plus de sucre. C'était moins bon que Nutella, mais sensiblement moins cher.

Cela a duré quelques mois avant que l'acheteur de la grande surface ne change et que le nouveau, pour atteindre ses objectifs de baisse de prix, ne nous demande de « retravailler le produit ».

Nous avons alors baissé les noisettes à moins de 5 %. Mais cette fois-ci le produit était franchement très différent du leader et le bon goût de noisettes quasi absent. Qu'à cela ne tienne, notre R&D a ajouté de l'arôme noisette et le tour était joué.

*Vous êtes fous d'avaler ça !*

Moins cher, goût, couleur et texture proche du produit leader, pourtant diriez-vous que ces produits qui se ressemblent sont de même qualité ?

Le cas de l'eau de fleur d'oranger est lui aussi emblématique.

Nous vendions tranquillement des dizaines de milliers de bouteilles par an de vraie eau de fleur d'oranger, produit naturel obtenu par distillation des fleurs. La qualité était parfaite, le goût subtil, complexe, puissant, mais... Vous devinez ?... Trop cher pour nos clients de la grande distribution et leurs marques de distributeurs.

Pour répondre à leur attente, baisser les prix, nous avons développé, avec un aromaticien de la région de Grasse un arôme très concentré de « fleur d'oranger » obtenu à partir de copeaux de bois. Un litre d'arôme dilué dans mille litres d'eau permettait d'obtenir un produit fini artificiel qui ne coûtait presque rien. De plus, cet arôme n'était pas sensible à la lumière et n'imposait pas, comme la vraie eau de fleur, d'utiliser une bouteille teintée, généralement bleue.

Dans un premier temps, nous avons mélangé vraie eau de fleur et arôme. Bien entendu, notre client n'a rien changé à l'étiquette, pas informé les consommateurs, et encore moins baissé le prix de vente.

Finalement, l'eau de fleur d'oranger, trop chère, a été remplacée en totalité par de l'arôme, toujours sans rien déclarer. Jusqu'au jour, longtemps après, où la DGCCRF nous a rappelés à l'ordre et imposé que soit clairement indiqué sur l'emballage qu'il

## Supermarchés, alliés de votre pouvoir d'achat ?

s'agissait d'un arôme et pas d'une vraie « eau de fleur ».

C'est pourquoi, aujourd'hui, vous ne trouvez plus en supermarché de véritables eaux de fleur d'oranger, de rose... mais de vulgaires arômes plus ou moins chimiques, fabriqués on ne sait comment avec on ne sait quoi.

Dans le cas du miel pour une enseigne de distribution à l'attention des professionnels de la restauration, les choses se sont passées de manière similaire.

L'acheteur nous a un jour brutalement demandé de baisser les prix du miel qu'il vendait à sa marque en gros conditionnement ; des pots de 2, 5 et 10 kilos, destinés aux pâtissiers, restaurateurs ou petits biscuitiers. Bien entendu, ce miel premier prix était du miel chinois de basse qualité, impossible de trouver moins cher.

L'enseigne a donc décidé de lancer un nouveau produit : un mélange à 80 % de miel et à 20 % de glucose. Rapidement, les ventes de ce mélange moins cher ont décollé au détriment du vrai miel.

Bien entendu, cela n'a pas suffi et nous sommes progressivement passés à un mélange 60/40 puis 51/49, pour garder l'appellation « miel-glucose ».

Mais comme les clients s'étaient habitués et que, finalement, ils se foutaient pas mal des appellations, puisqu'ils n'étaient pas les consommateurs finaux, nous avons lancé un « glucose-miel » à 40/60, avec un miel foncé pour garder un minimum de couleur.

Enfin, un dernier pas fut franchi avec l'adjonction de caramel pour la couleur et d'arôme miel pour le

*Vous êtes fous d'avaler ça !*

goût, aboutissant à un mélange 20/80 et finalement de 100 % de glucose coloré aromatisé.

Si vous pensez toujours que les produits à marques distributeurs, dont certaines ne font même pas référence à l'enseigne pour ne pas dévaloriser leur image, sont équivalents aux produits de grandes marques, libre à vous. Pour l'avoir vécu de l'intérieur, je puis vous assurer que la différence de prix s'explique généralement par une différence de qualité, malgré ce que vous disent les distributeurs, ou ceux qui n'ont jamais mis les pieds dans une usine.

# 30

# Coupables, mais pas responsables

Un de mes collègues, et ami, a longtemps travaillé comme acheteur pour une grande marque récemment touchée par le scandale de la viande de cheval. Il savait, comme beaucoup de monde dans sa société, que le bœuf qu'il achetait était bizarre et trop bon marché pour être honnête, mais personne n'a cherché réellement ce qui clochait avant que le scandale n'éclate.

Tous les documents qu'il recevait, factures et titres de transport pour la comptabilité, ou certificats d'analyses basiques, d'origines et vétérinaires pour ses services qualité, tout était conforme en apparence. Chaque service dans l'entreprise, chaque responsable avait le document nécessaire conforme qui l'exonérait de toute responsabilité en cas de problème.

Son entreprise avait des procédures similaires à celles qui sont en vigueur dans la mienne. Toutes les deux avaient obtenu les plus hautes certifications qualité internationales, partageant la même culture et la même mentalité.

— Pourquoi n'as-tu rien fait si tu te doutais que le bœuf était daubé ? lui ai-je demandé.

*Vous êtes fous d'avaler ça !*

— J'en ai parlé à mon responsable, au directeur de l'usine et au directeur de la qualité, mais tous les documents étaient conformes, alors on n'a rien fait. On avait tous d'autres priorités.

Je comprenais parfaitement, car j'aurais pu dire exactement la même chose s'il m'avait posé cette question à propos de certains de mes produits.

Mon ami achetait du bœuf et recevait du cheval, tout le monde soupçonnait qu'il y avait un problème, mais personne ne risquait quoi que ce soit. Tous étaient couverts car leur responsabilité se limitait à se procurer un document conforme, preuve absolue qu'ils avaient fait leur travail consciencieusement. Si le document en question se révélait être un faux, alors le blâme tomberait chez le méchant fournisseur, ou le fournisseur du fournisseur, loin, dans le pays voisin, ou encore un peu plus loin.

Et si, *in fine*, il y avait un problème, cela ne devait pas faire de bruit, l'habitude étant de discrètement traiter ces situations entre les professionnels et les autorités. Les consommateurs, bien entendu, n'en sauraient rien, comme cela s'était produit de si nombreuse fois par le passé.

Les temps changent et le scandale n'a pas pu être étouffé. Personne n'avait imaginé un tel retentissement alors qu'il n'y avait eu ni mort ni blessé, et que personne n'avait même souffert de la plus minime intoxication alimentaire.

Les journalistes ont parfaitement joué leur rôle cette fois-ci avec des enquêtes sérieuses, en informant correctement les consommateurs, et en dénonçant les dérives. Ils n'ont pas lâché, et c'est grâce à

*Coupables, mais pas responsables*

eux que des leçons pourront être tirées de cette affaire et que, enfin espérons-le, la sécurité alimentaire sera un jour plus que de belles paroles. Car il ne faut pas espérer que les industriels et leurs employés fassent le ménage tout seuls sans y être vigoureusement poussés. Faire de la qualité c'est plus compliqué et c'est plus cher. Personne n'a envie de s'appliquer des contraintes supplémentaires dans un environnement qui est déjà très stressant et très concurrentiel. Et puis, même si certains employés isolés voulaient améliorer les choses, ils ne le pourraient pas. L'entreprise ne fonctionne pas sur un modèle démocratique où chacun exprime librement ses idées et ses doutes. La hiérarchie commande et fait appliquer ses décisions. Si vous voulez obtenir vos primes de fin d'année, de l'avancement, que le boss vous invite à déjeuner de temps en temps et vous tape sur l'épaule, ou toute autre forme de gratification, il vaut mieux ne pas être perçu comme un élément perturbateur. L'environnement ne s'y prête pas non plus. Vos collègues, les fournisseurs, les clients même, personne n'aime les empêcheurs de tourner en rond.

— Et vous en parliez souvent, entre vous, de vos doutes sur la qualité du bœuf ? ai-je demandé à mon ami, pour affiner ma comparaison entre nos deux sociétés.

— Bien sûr, tout le temps ! s'exclama-t-il comme s'il laissait échapper sa colère de ne pas avoir été écouté, de ne pas avoir agi avant.

— Mais jamais d'écrits, c'est bien ça ?

Il m'a regardé sans ajouter un mot, on s'était parfaitement compris. Il n'y avait décidément aucune différence.

Nos entreprises, comme beaucoup d'autres, ne font que de la « qualité de façade ». On affiche de grands et nobles discours, on met en avant nos engagements éthiques, nos certificats, nos procédures... Tout cela remplit des dizaines de classeurs, des armoires entières de papiers. On écrit tout dans les moindres détails, des caractéristiques du savon liquide à utiliser dans les toilettes à la couleur du papier pour s'essuyer les mains dans les ateliers. Chacun conserve précieusement ses e-mails pour garder la trace de ce qu'on lui a demandé ou de ce qu'il a envoyé, au cas où. Mais tout cela n'est que la partie émergée de l'iceberg, la partie présentable, l'alibi d'un travail sérieux et responsable.

Car vous ne trouverez aucune trace écrite des doutes que nous avons sur la qualité de nos épices, du miel, ou du bœuf de mon ami. Les sujets « sensibles » sont traités oralement lors de réunions en comité restreint, ou par téléphone. Pas de trace, pas de preuve.

C'est oralement que mon patron m'a demandé de broyer le piment avec des crottes de rats, d'acheter de l'origan qui n'en était pas, ou du concentré de tomates chinoises moisies. C'est oralement que le responsable qualité m'a expliqué qu'il lui fallait des analyses conformes avec telle et telle valeur pour tel et tel paramètre. C'est oralement toujours que le directeur production m'a demandé quelques palettes d'un certain additif qui a disparu ensuite dans les méandres de l'usine, car bizarrement il ne

*Coupables, mais pas responsables*

s'est retrouvé sur aucune des listes d'ingrédients imprimées sur nos emballages.

Vous pensez que cela n'est pas possible, que les auditeurs qui délivrent les certificats qualité ne peuvent pas passer à côté de telles irrégularités. Je vous dirai simplement que j'ai été audité des dizaines de fois et que nous avons toujours obtenu d'excellents commentaires sur notre système d'assurance qualité. Oui, nous étions certifiés aux plus hauts niveaux possibles.

Et pourquoi en serait-il autrement puisque les auditeurs ne sont que des gratte-papier ? Fournissez-leur le bon document, vrai ou faux, peu importe car ils n'ont ni le temps, ni les moyens de vérifier, et ils seront ravis. Contrats avec en-tête, spécifications avec les formules qui vont bien, certificats avec les bons chiffres dans les bonnes cases, et c'est banco !

À titre d'anecdote, il est arrivé quelques fois dans ma carrière que, devant un risque trop grand, la machine grippe. Pour être clair, quand la magouille est trop visible, le bon sens vous dit qu'il y a de gros risques de se faire attraper et taper sévèrement sur les doigts, et alors personne ne veut prendre la responsabilité de lancer la production ou de valider le produit. Mais, rassurez-vous, cela ne dure pas longtemps et se passe plus ou moins comme cela :
— Le directeur de production (généralement des gens au langage direct) : Non mais vous êtes malades, je ne peux pas faire de la mayonnaise avec de l'huile de soja OGM ! Le client a un cahier des

charges « 100 % non-OGM ». Font ch... ces acheteurs ! On va se retrouver en cabane avec vos conn...

— L'acheteur (moi dans ce cas, mais généralement des gars bien) : Le fournisseur n'a pas de stock de soja garanti non-OGM en ce moment. Si le client en veut, il doit attendre deux semaines, sinon changer pour de l'huile de colza non-OGM également, mais plus chère.

— Le directeur production : Je prends pas la responsabilité de fabriquer avec de l'huile OGM, je vais en parler à la direction, faut pas déc...

— La direction (généralement des gens qui ont réponse à tout) : Vous pouvez utiliser cette huile sans crainte mon ami, c'est pour un client dans la restauration collective, cette mayonnaise sera consommée très rapidement. Personne n'y verra rien et un mélange accidentel ou une erreur du fournisseur, cela peut toujours arriver...

— Le directeur production (généralement des gens pas totalement idiots) : Dans ce cas, il me faut <u>un écrit</u> pour débloquer le lot.

— La direction (généralement des gens qui ne font pas d'écrits) : Mon ami de la qualité, comment va votre petite famille ? Au fait, félicitation pour la réussite de notre dernier audit, je suis impressionné. Et, bien entendu, vous avez mon accord pour votre formation à la rédaction des procédures en gothique simplifié sur la Côte d'Azur, profitez-en pour prendre quelques jours de congé, c'est pour moi. J'y pense, ce serait bien si vous pouviez me libérer ce petit lot d'huile de soja, on n'a plus que cela en stock pour produire, et le client est pressé. Je le ferais bien moi-même mais, c'est idiot, je me suis foulé le poignet ce week-end, oui, une bêtise, à cause d'un mauvais grip avec mon fer 7. C'est dans l'intérêt de l'entreprise, je compte sur vous.

— Le directeur qualité (généralement un gros benêt, ce qui lui a valu sa nomination) : Quel idiot ce directeur production, ne pas comprendre que c'est dans l'intérêt de la Boîte. Je vais lui faire ce papier.

— La direction (généralement des gens reconnaissants) : Je savais que je pouvais compter sur vous, cette fois encore.

Vous avez évidemment compris qu'en cas de problème grave tout le monde oubliera ce qui s'est dit, mais que l'accord écrit du directeur qualité lui vaudra d'avoir à assumer toute la responsabilité de « l'erreur ». Personne ne lui sera reconnaissant des risques qu'il aura pris en lieu et place de la direction et, s'il devait se retrouver au tribunal, il s'y retrouverait seul.

Alors, me direz-vous, comment lutter contre la fraude alimentaire si les professionnels ne sont pas capables de faire le ménage eux-mêmes ?
En fait, vous serez peut-être surpris d'apprendre que les solutions sont connues depuis longtemps et relativement simples, du moins dans leurs principes, si ce n'est dans leur mise en œuvre.
Ces solutions sont d'ailleurs très bien résumées dans un rapport public rédigé, en juillet 2014, pour les secrétariats d'État à l'Environnement, à l'Alimentation et Affaires rurales, et à la Santé britanniques par le professeur anglais Chris Elliott de

la Queen's University, spécialiste de la sécurité alimentaire[1].

L'éradication des fraudes alimentaires en Europe ne sera possible que s'il y a une volonté politique forte suivie de la mise en application des quelques principes suivants dont la plupart ne sont que du simple bon sens.

En premier lieu, l'intérêt des consommateurs doit prévaloir sur toute autre considération et être l'objet de tous les efforts. Cela veut dire ne plus s'en tenir aux discours convenus, politiquement corrects, mais en faire une réalité tangible. Les pouvoirs publics ne doivent plus étouffer les scandales alimentaires pour de mauvaises raisons économiques aux implications à court terme. Les priorités doivent être inversées, la sécurité à long terme privilégiée. Il faut arrêter de protéger les industriels, les grandes surfaces, ou le commerce international, au détriment des consommateurs victimes de ces mauvaises pratiques. Des efforts réels doivent être faits pour mieux informer, éduquer, protéger et, *in fine*, donner confiance aux consommateurs.

Il faut également mettre en œuvre une politique de tolérance zéro pour les professionnels indélicats. Les fraudeurs, quels qu'ils soient, où qu'ils soient, doivent être rapidement et sévèrement sanctionnés, même dans le cas de « petites fraudes ». Les enquêtes doivent se faire sans entraves, avec des moyens suffisants, pour que les vraies responsabilités soient établies. De même, les bonnes initiatives doivent être

---

1. https://www.gov.uk/government/publications/elliott-review-into-the-integrity-and-assurance-of-food-supply-networks-interim-report.

encouragées. Ainsi, il faut impliquer les professionnels consciencieux et les inciter à témoigner et à dénoncer les mauvaises pratiques dont ils pourraient avoir connaissance ou soupçonner dans leur domaine d'activité.

L'information doit être centralisée et mieux partagée ; c'est-à-dire collectée, traitée et diffusée à ceux à qui elle est utile. Une réelle collaboration dans ce domaine et de vrais échanges doivent se mettre en place entre les industriels et les instances gouvernementales, avec les associations de consommateurs, et entre les États eux-mêmes. Mais pour que l'information soit bien utilisée, encore faut-il que la coordination de la lutte contre la fraude alimentaire soit sous la responsabilité d'une seule autorité compétente spécialisée.

Les industriels peu scrupuleux profitent de la moindre faille et imprécision du système. Le plus petit flou dans les procédures et les textes est exploité à leur avantage. L'ambiguïté et la complexité inutile doivent donc être évitées à tout prix. Il faut favoriser la standardisation des analyses, des certifications, des contrôles. Simplifier et généraliser les bonnes pratiques, rationnaliser les audits, améliorer les standards.

Les autorités de contrôle au niveau local doivent être le fer de lance de la stratégie d'éradication des fraudes alimentaires. Elles sont les plus à même, de par leur proximité avec les unités de production, leur connaissance des acteurs et filières locaux, leur souplesse, de lutter efficacement contre les fraudes à un stade précoce. Elles doivent donc avoir les moyens suffisants pour mener efficacement toutes leurs actions.

Éducation, prévention, surveillance, contrôles, sanctions, tout cela réduira sans aucun doute considérablement les fraudes alimentaires, mais ne les empêchera malheureusement jamais à 100 %. Alors, quand une fraude est malgré tout détectée, des mécanismes efficaces de gestion de crise doivent être mis en place. Les alertes doivent être rapidement et efficacement diffusées, les services d'urgence mobilisés, les produits incriminés identifiés grâce aux systèmes de traçabilité et mis en quarantaine.

Vous voyez, rien de bien compliqué, mais encore faut-il le vouloir vraiment et s'en donner les moyens.
Mais je suppose que vous perdrez tout optimisme en apprenant que, selon l'Institut de veille sanitaire, plus de cinq cent mille intoxications alimentaires se produisent encore chaque année en France, conduisant à quinze mille hospitalisations, et tuant entre deux cent cinquante et sept cents personnes. Il n'y a là rien de surprenant si on sait qu'une cuisine collective est contrôlée en moyenne tous les douze ans, et un restaurant tous les trente ans. Je dois certainement faire monter la moyenne avec les deux contrôles que j'ai subis en vingt ans.
Pas de réelle volonté, pas de moyens… et des centaines de morts que nous pourrions éviter.

ÉPILOGUE

# Petit guide de survie en magasin

Soyons francs et directs : la seule chose qui intéresse les industriels, tout comme les enseignes de grandes surfaces, c'est votre argent, pas vraiment votre bonheur ou votre santé. Tenez-vous-le pour dit. Ne vous laissez pas abuser par les rodomontades de ces beaux parleurs qui vous jurent, la main sur le cœur et la larme au coin de l'œil, qu'ils se battent pour votre bien-être et défendent votre pouvoir d'achat. Tout cela, c'est de la com, de l'esbroufe, rien d'autre. Alors ne faites confiance à personne, soyez vigilants, et surtout soyez exigeants !

Car prenez conscience une fois pour toutes que c'est vous, les consommateurs qui, *in fine*, avez le pouvoir. C'est vous qui, dans les rayons, décidez d'acheter ou non ce que l'on vous présente. Ce pouvoir, servez-vous-en, pour enfin faire changer les choses.

Maintenant que vous voilà informés des pièges tendus par l'industrie agroalimentaire et les grandes surfaces, nous allons voir comment mettre cet enseignement en pratique et éviter de vous laisser berner.

*Vous êtes fous d'avaler ça !*

L'idéal – et la seule solution radicale – serait bien entendu de bannir définitivement tout produit industriel, et de se contenter de produits bruts, frais, non transformés. Mais cela est devenu aussi illusoire, avec nos vies modernes trépidantes, que de se remettre à tisser nos étoffes et coudre nos vêtements. Et puis il faut bien reconnaître que les produits industriels, plats préparés et autres conserves ou surgelés, sont bien pratiques. Ils se conservent longtemps et permettent des gains de temps considérables, et on en trouve même qui sont de très bonne qualité. La difficulté, en réalité, est de reconnaître les bons produits, de séparer le bon grain de l'ivraie. Alors comment fait-on pour survivre dans la jungle des linéaires ?

**Conseil n° 1 : Surveillez les origines**

Privilégiez toujours d'abord les produits locaux, régionaux puis nationaux, et enfin ceux qui viennent de pays avec une « culture éthique » et une « culture hygiène et qualité » développées, des normes contraignantes. Sachez que le système de normes et de contrôles européen, même s'il n'est pas parfait, est le plus strict et le plus efficace au monde. Bien souvent, les nouvelles normes, l'interdiction de molécules dangereuses, ou toute amélioration sanitaire, sont mises en place au niveau européen avant de se généraliser, lentement, sur toute la planète.

Fuyez absolument les produits alimentaires chinois et, dans une moindre mesure peut-être, indiens, turcs, et d'autres origines exotiques.

## Petit guide de survie en magasin

S'il est possible de trouver parfois quelques très bons produits provenant de ces origines, il est certain d'en trouver beaucoup de frelatés. La meilleure illustration de ce principe de base vous est donnée par les nombreux consommateurs chinois qui se démènent comme des diables pour se nourrir de produits importés, d'Australie, d'Europe, ou des États-Unis, tant ils ont perdu confiance en leurs propres industriels à la suite de trop nombreux scandales alimentaires à répétition.

Vous rencontrerez pourtant de temps en temps, chers lecteurs, quelques âmes charitables et bien pensantes, qui vous affirmeront que les produits alimentaires chinois et importés valent bien les produits européens et français. De grâce, ne les écoutez pas. Ces gens-là n'ont bien entendu jamais mis les pieds dans une usine agroalimentaire ni importé de produits de Chine, comme je l'ai fait pendant des années. Ils ont consommé des thés bourrés de pesticides, du sucre liquide coloré en place de miel, et des sauces tomate ou ketchups fabriqués à partir de tomates pourries, sans rien remarquer de particulier, sauf les prix bas.

Gardez en mémoire les quelques exemples que je vous ai décrits et sachez que je n'ai pas cité tous les cas de fraudes dont j'ai été victime, la liste serait bien longue. Par exemple (un dernier pour la route) pour les champignons sauvages de Chine : morilles séchées ou surgelées remplies de sable, sel, cailloux, vis et boulons, voire de balles de fusil pour faire le poids, bolets jaunes comestibles mélangés avec du *Boletus felleus* immangeable, cèpes séchés arrosés

*Vous êtes fous d'avaler ça !*

d'eau contenant des pesticides pour gagner en poids et éviter le pourrissement...

Et il y a tous les produits que je n'ai pas importés personnellement et qui sont sans aucun doute sujets aux mêmes tromperies.

Militez également pour une meilleure information sur les origines des produits. Trouvez-vous normal que l'on vous indique comme origine géographique : « hors U.E. » ? C'est quel pays ? Quel continent ?

Vous voilà bien avancé. Sauf que si l'origine était valorisante, on l'indiquerait fièrement, comme Tabasco avec son « made in USA » en plein milieu de l'étiquette.

**Conseil n° 2 : Évitez les premiers prix**

C'est socialement difficile à annoncer mais, malheureusement la qualité a un coût. J'en suis le premier désolé tant j'aimerais que bien se nourrir soit un droit élémentaire. Mais n'espérez pas aujourd'hui avoir le meilleur au prix du bas de gamme et, si vous voulez bien manger, il faudra y consacrer un peu plus d'argent.

Mais est-ce de l'argent gaspillé que d'acheter quelques dizaines de centimes d'euro plus cher un pot de miel de France plutôt qu'un « miel » de Chine, qui n'est en réalité qu'un assemblage de glucose, d'arômes de synthèse et de colorants ?

Je vous déconseille fortement d'acheter les premiers prix. Ce ne sont généralement pas les meilleurs rapports qualité/prix et, croyez en mon expérience, c'est parmi eux que l'on retrouve la majorité des produits daubés. Car c'est sur les premiers prix que, bien évidemment, la pression sur les coûts est la plus forte et donc les risques les plus élevés. Il faut acheter moins, mais acheter mieux.

Plus généralement, comme tous les acheteurs professionnels, méfiez-vous des produits trop peu chers pour être honnêtes, des « super-promotions », des fins de série, ou des dates limites de consommation courtes. Pourquoi un vendeur braderait-il un produit de qualité ?

Sachez que les « bonnes affaires », dans l'alimentaire, n'en sont généralement pas. En tout cas pas pour le consommateur et sa santé.

Je sais bien qu'en ces temps difficiles beaucoup de gens ont un budget serré et que se tourner vers les premiers prix est pour eux une nécessité. Mais laissez-moi vous rappeler que l'alimentation représente aujourd'hui à peine 15 % du budget moyen des Français. On n'a jamais dépensé aussi peu pour se nourrir et la plupart d'entre nous peuvent faire l'effort de payer un juste prix pour du bon produit. Encore faut-il le vouloir et peut-être mieux réfléchir à ses priorités en termes de dépenses.

### Conseil n° 3 : Privilégiez les grandes marques

Pour un type de produit donné, vous avez généralement le choix entre une entrée de gamme, la marque du distributeur, et une grande marque. Et les prix vont croissant bien entendu.

*Vous êtes fous d'avaler ça !*

En réalité, les entrées de gamme appartiennent généralement aux distributeurs mais sont commercialisées sous une marque différente pour ne pas associer leurs images à des produits de piètre qualité. Et, comme je viens de toute façon de vous conseiller de les éviter, le choix du consommateur averti se borne à la marque du supermarché, enfin la version assumée, versus la grande marque.

Inutile de faire durer le suspense, les produits de grandes marques sont dans la grande majorité des cas de meilleure qualité. Les marques de distributeurs sont essentiellement des copies, des clones plus ou moins réussis, des produits leaders fabriqués par de petits industriels que les enseignes pressurent. Emballages, couleurs, forme, dimensions, tout est plagié, même les noms, sans que les marques ne puissent dire quoi que ce soit sous peine de perdre leurs places en linéaires.

Je ne suis pas un grand théoricien mais un homme de terrain, je parle simplement d'expérience. Ma société fabriquait des tas de produits pour des marques de distributeurs, et je peux vous certifier qu'ils étaient toujours de qualité inférieure aux leaders, bien que nous faisions tout notre possible pour que cela ne se remarque pas. Pour arriver aux prix les plus bas, les ingrédients étaient moins nobles, les recettes moins riches, les formats plus chiches, le process moins au point, les additifs plus nombreux...

Si vous en avez les moyens, payez-vous des grandes marques, c'est un gage supplémentaire de qualité... bien que, c'est vrai, non absolu.

*Petit guide de survie en magasin*

## Conseil n° 4 : Évitez poudres et purées

Vous avez appris qu'il est très facile de dissimuler les imperfections de beaucoup de produits en les transformant. Les épices de mauvaise qualité, ou avec des impuretés, sont réduites en poudre, comme les fruits véreux sont transformés en coulis, les légumes moisis en purées, les chevaux entiers en minerai de bœufs...

Achetez donc en premier lieu les produits entiers dont les défauts seraient ainsi visibles et la pureté vérifiable. Choisissez votre poivre en grain plutôt qu'en poudre, ou des pommes entières plutôt qu'en compote.

Quand le choix vous est offert, prenez d'abord de l'entier, puis du morceau et en dernier lieu optez pour des poudres ou des purées.

Ce simple conseil vous aurait détourné des viandes hachées aux compositions incertaines et vous aurait accessoirement évité de manger des lasagnes au cheval.

Évitez également les produits panés, comme les bâtonnets frits surgelés de bouillie de poissons ou les nuggets de pâte de viande. C'est très gras, cela n'apporte aucun bénéfice santé comparé à un vrai filet de poisson ou une simple tranche de viande, et on ne sait jamais ce que cela cache.

## Conseil n° 5 : Contrôlez bien les listes d'ingrédients

Soyez terre à terre, oubliez l'histoire qu'on vous raconte pour vous intéresser au produit dans l'emballage et à sa liste d'ingrédients. Un biscuit de supermarché n'est rien d'autre qu'un produit industriel, et un yaourt juste du lait fermenté. Ce qui doit compter pour le consommateur averti, c'est la qualité des ingrédients et de la recette, rien d'autre.

Un consommateur soucieux de sa santé, et de celle des siens, doit savoir lire une liste d'ingrédients, ou du moins en déchiffrer l'essentiel. Ce n'est pas si compliqué si on sait quoi regarder.

Tout d'abord évitez absolument les produits universellement reconnus comme nocifs pour votre santé :

– les huiles hydrogénées (utilisées comme conservateur et agent de texture et qui contiennent des acides gras trans artificiels très nocifs pour votre organisme, surtout dans les viennoiseries, quiches, biscuits…),

– les colorants chimiques (famille d'additifs E100), dont certains doivent être étiquetés avec la mention « peut avoir des effets indésirables sur l'activité et l'attention chez les enfants » (sic),

– les conservateurs chimiques (essentiellement la famille E200),

– l'aluminium sous toutes ses formes. C'est un neurotoxique, pourtant utilisé comme colorant (E173) ou comme épaississant sous forme de sulfates d'aluminium (de E520 à 523).

Essayez également de vous passer des produits qui ne vous apportent rien et peuvent causer des désagréments à plus ou moins long terme :

– le glutamate monosodique (monosodium glutamate) et dérivés, de E620 à E625,

*Petit guide de survie en magasin*

– les édulcorants intenses comme aspartame et cyclamate, E951 et 952,
– tous les produits épuisés, comme les gousses de vanille, qui contiennent des traces de solvants organiques cancérigènes.

Privilégiez, quand c'est possible, les extraits naturels aux molécules artificielles. Mais évitez aussi ce que l'on appelle les « substances identiques au naturel ». On essaie de vous faire croire que les molécules de synthèse, artificielles, produites par la chimie, sont exactement les mêmes que celles que l'on trouve dans la nature. C'est faux !

Car même si les formules chimiques de base sont les mêmes, il existe des différences énormes dans les formes spatiales de ces molécules (ce que l'on appelle les isomères), les puretés, et enfin dans leur assimilation par l'organisme.

La vitamine E de synthèse, par exemple, ou alpha-tocophérol pour les intimes, est un cocktail de huit molécules de formules chimiques de base identiques, mais de formes différentes. La vitamine E naturelle, que l'on trouve en abondance dans les graines et fruits secs, n'a qu'une forme unique. C'est cette forme naturelle que nos organismes utilisent depuis des millions d'années et à laquelle ils sont parfaitement adaptés. C'est pour cela que la vitamine E naturelle est de deux à trois fois plus active dans notre organisme et bien mieux tolérée que les formes « identiques au naturel ».

Pour résumer, privilégiez simplement les produits avec un maximum d'ingrédients naturels, une composition simple, et un minimum d'additifs.

## Conseil n° 6 : Vérifiez les emballages

Focalisez-vous sur le contenu, le produit, pas le contenant. Votre attention doit être tournée vers ce que vous allez avaler, pas vers ce qui viendra encombrer vos poubelles. Ne vous laissez pas abuser par de beaux emballages, un carton épais, une couleur sympa, une jolie photo, de la dorure ou un nom à la mode. Méfiez-vous des affirmations totalement invérifiables des fabricants, des mentions valorisantes floues, des pseudo-labels, ou des évidences martelées comme des gages de qualité. Qu'importe le flacon pourvu qu'on ait la qualité.

N'achetez pas de produits secs (pâtes, lentilles, corn-flakes...) dans des emballages en carton recyclé bourrés d'huiles minérales cancérigènes lorsque le produit est en contact direct avec le carton. C'est peut-être bon pour la planète, mais c'est surtout très mauvais pour vous.

Évitez à tout prix les emballages en plastiques dits « oxo-bio » ou « oxo-biodégradable ». Ils ne sont pas réellement biodégradables, mais fragmentables en microparticules généralement à base de polymères synthétiques très polluants.
N'achetez pas les emballages « qui font écolo » sans l'être, comme une feuille de papier kraft collée sur un film en plastique (du vécu). Cela aboutit à rendre non recyclable, en les associant dans un emballage composite, des matériaux qui l'étaient parfaitement avant.

Toujours dans le domaine de l'emballage, beaucoup se demandent s'il y a une différence entre les boîtes et les bocaux. Un bocal de verre est transparent et son contenu se voit. Les industriels seront donc contraints de mettre les plus beaux produits dans les bocaux, alors que les boîtes de conserve laissent plus de latitude.

De plus, des vernis recouvrent l'intérieur des boîtes de conserve (canettes de boissons comprises) mais sont absents dans les bocaux. Ces vernis contiennent du bisphénol A, un perturbateur endocrinien, qui est interdit depuis le 1er janvier 2015 en France... mais pas ailleurs.

Donc avantage très net pour le verre, bocal ou bouteille.

**Conseil n° 7 : Contrôlez les dates limites**

Vous savez maintenant que DLC (date limite de consommation) et DLUO (date limite d'utilisation optimale) ne sont pas toujours fiables car fixées par des industriels sous pression de la grande distribution et soumis à une concurrence féroce qui les pousse à les allonger, parfois au-delà du raisonnable. Je ne connais pas beaucoup de produits alimentaires, à part les grands vins, qui se bonifient avec le temps. Vitamines, glucides, protéines, et autres molécules bénéfiques se dégradent avec le temps, quel que soit le mode de conservation. Les emballages se dégradent. Et c'est bien pour cela que des limites sont imposées.

Mon conseil : n'achetez pas les produits à des dates trop proches de la DLC ou de la DLUO. Limitez-vous aux deux tiers de la durée de vie du produit, cela vous évitera quelques déconvenues.

*Vous êtes fous d'avaler ça !*

Ne laissez pas les lobbies « anti-gaspillage », qui vous assurent qu'un produit est bon jusqu'à sa DLC, voire après sa DLUO, vous culpabiliser. Si l'industrie produit trop, si les supermarchés stockent trop longtemps, tout cela pour bénéficier d'économies d'échelle, ce n'est pas votre problème. Votre priorité doit être votre santé, et pour bien vous nourrir consommez les produits les plus frais possibles.

Bien entendu, pour éviter le gaspillage, je vous encourage à gérer intelligemment vos achats de produits alimentaires. N'achetez pas trop, ne surstockez pas, et veillez à ne pas oublier une bouteille d'huile au fond d'un placard ou un yaourt dans le bac à légumes de votre réfrigérateur.

**Conseil n° 8 : Méfiez-vous des labels**

Difficile de s'y retrouver tellement ils sont nombreux et des livres entiers leur sont consacrés. Certains de nos produits étaient certifiés bio, Max Havelaar, halal, casher, produit de l'année, qualité garantie, origine Provence... et il en sort de nouveaux presque tous les jours. Certains sont officiels, d'autres sont des produits marketing que l'on achète, et enfin certains sont de pures inventions maison.

Pour éviter d'ingurgiter trop de pesticides ou de consommer des OGM, le label officiel bio « AB » pour Agriculture Biologique, délivré par des organismes certificateurs agréés par l'Inao (Institut national de l'origine et de la qualité) comme Ecocert, est une des meilleures garanties. C'est à mon humble avis l'un des rares labels sérieux.

Le commerce équitable est difficile à mettre en application, même si le principe en est excellent. C'est malheureusement pour beaucoup d'intervenants d'abord une façon simple d'augmenter les prix et de faire de la marge. Le plus connu et le plus sérieux dans ce domaine est Max Havelaar, même si beaucoup de fournisseurs qui ne sont pas labellisés mériteraient de l'être. À vous de voir si cela vous donne bonne conscience.

Attention aux labels « équitables » copies de Max Havelaar et mis en place par les grosses multinationales dans des buts de propagande. C'est une arnaque véritable et lamentable. Un label maison créé sur mesure et parfaitement opaque, pour éviter toutes contraintes liées à un label un minimum sérieux et indépendant.

Méfiez-vous aussi des labels « promo » qui n'ont rien d'officiel et qui semblent indiquer qu'un produit aurait été choisi parmi tous, comme le meilleur produit de l'année ou le plus beau de France et de Navarre, par l'ensemble des consommateurs. En fait, ce genre de système promotionnel est financé par les industriels qui postulent au label. Le panel des consommateurs choisis ne peut voter que pour les quelques produits sélectionnés, par pour l'ensemble de l'offre. Les critères d'attribution du label sont très limités et orientés marketing. Ils ne prennent pas en compte la qualité intrinsèque du produit, très difficile à quantifier, et seul critère vraiment utile aux consommateurs.

De toute façon, il existe suffisamment de catégories pour que chacun soit « choisi » si la cotisation annuelle est à jour. Eh oui, business, business !

**Conseil n° 9 : Vérifiez les étiquetages**

Savez-vous que, selon une enquête de l'ONG américaine Oceana de 2013, 30 % des étiquetages de poissons et autres fruits de mer sont faux, voire carrément frauduleux aux États-Unis ?

Des filets de poissons d'élevage bon marché, comme le panga ou le tilapia, sont souvent étiquetés comme du cabillaud ou autre espèce noble et vendus au prix fort.

Cela confirme donc ce que tout le monde pense, c'est-à-dire qu'aux États-Unis on mange n'importe quoi et n'importe comment.

Mais en France, le seul pays au monde dont la gastronomie est inscrite au patrimoine immatériel mondial de l'Unesco, qu'en est-il ?

Eh bien, pas de quoi se réjouir car, selon la DGCCRF, environ une étiquette sur cinq (20 %) pose problème.

Très (trop) souvent, le poisson « sauvage » se révèle en réalité avoir été élevé dans une ferme marine géante, gavé de granulés et d'antibiotiques. Bien entendu le « poissonnier » indélicat n'oublie pas de tripler le prix.

Combien d'albacores communs se retrouvent ainsi chaque année métamorphosés en rares et onéreux thons rouges par la magie d'une étiquette oppor-

## Petit guide de survie en magasin

tune ? Combien de bars, tout justes sortis de leur cage d'élevage, sont rebaptisés « bars de ligne » sans qu'on leur demande leur avis ? Et combien de pétoncles du Chili, trempés et gorgés d'eau, sont vendues comme de la coquille Saint-Jacques de Bretagne ?

L'étiquetage, que ce soit pour le poisson, pour le pain, les fruits, ou les viandes, est une obligation pour le professionnel et un droit pour le consommateur. Quand ce n'est pas fait correctement, réclamez, râlez, ne vous laissez pas faire. Trop d'abus continuent d'exister car la majorité des clients ne voient rien, et ceux qui ont un doute ou s'aperçoivent d'une irrégularité n'osent rien dire.

Ne faites confiance à personne, ni au supermarché, ni au poissonnier du coin de la rue, mais prenez-vous en main, informez-vous, apprenez-en un minimum sur ce que vous mangez, et il sera beaucoup, beaucoup, plus difficile de vous berner.

### Conseil n° 10 : Faites de votre pire ennemi votre meilleur allié

Julian, notre diva du marketing, ne perdait jamais une occasion de nous marteler les trois grands principes de son art. Nous avons déjà parlé de deux d'entre eux. Si, souvenez-vous, le premier est : « Tout le monde croit ce qui est marqué sur l'étiquette. » Le second est que « l'idée que l'on se fait du produit est plus importante que le produit lui-même ». Mais là où je voulais en venir pour terminer, avant de vous laisser aller faire vos courses et

*Vous êtes fous d'avaler ça !*

mettre en pratique ces quelques conseils, c'est au troisième principe de Julian, l'arme absolue du marketing qui est : VOUS !

Oui, vous, les clients. Vous qui nous facilitez les choses lorsque vous ne faites pas l'effort de vous informer, de mettre en doute ce que l'on vous dit, qui ne contestez pas, ne vous indignez pas, regardez ailleurs par commodité, vous qui privilégiez le prix, l'esthétique, ou la praticité, à la qualité. Vous, les consommateurs, vous avez votre part de responsabilité dans ce désastre.

C'est tellement plus simple de faire confiance, de se laisser bercer par les discours rassurants des marques, de garder ses habitudes, d'acheter les yeux fermés. Votre pire ennemi n'est pas le marketing qui vous ment, ou l'industriel qui fabrique des produits de mauvaise qualité, les supermarchés qui les distribuent ou les pouvoirs publics incapables de protéger les populations des épidémies annoncées d'obésité et de diabète. Votre pire ennemi, c'est vous !

Souvenez-vous des paroles d'Hippocrate et de Linus Pauling : la nourriture doit être votre médecine, pas votre poison. Vous avez un pouvoir plus grand que vous ne l'imaginez. C'est votre argent qui intéresse les industriels et les grandes surfaces, donnez-le à ceux qui font de la qualité et l'on vous proposera davantage de qualité.

Soutenez les associations de consommateurs comme Foodwatch qui œuvrent pour l'intérêt général, le vôtre, celui de vos enfants. Ils ont plus de

*Petit guide de survie en magasin*

poids que quelques individus isolés et connaissent bien le système.

Puissiez-vous manger sainement et vivre longtemps en bonne santé.

# Remerciements

Un grand merci à Éric Maitrot pour avoir pensé que ce témoignage pourrait intéresser quelques lecteurs soucieux de bien se nourrir, mais pas seulement. Curiosité et rigueur, des qualités rares.

Ma profonde reconnaissance à Denis pour ses conseils avisés, et pour avoir mis son érudition et les fruits de son expérience à ma disposition.

Merci ma délicieuse épouse, ma gourmandise bio, pour ta patience et ton indéfectible soutien. Merci à mes deux bouts de chou, pour avoir compris que bien se nourrir implique quelques sacrifices.

Un immense merci enfin à tous ceux qui, dans « la Boîte », ont partagé mes doutes et les moments difficiles.

# Table

*Prologue.* Consommateurs, c'est vous qui avez le pouvoir !............... 9
1. Bienvenue dans le monde merveilleux de l'agroalimentaire............... 17
2. Le péril jaune !............... 23
3. Berner le con... sommateur............... 31
4. Bon poids, mon œil............... 41
5. En faire tout un frauxmage !............... 49
6. Additif mon ami............... 53
7. Enfumage au royaume de l'andouille....... 65
8. Périlleuses mises en boîte............... 71
9. Repeindre la vie en rose............... 77
10. Devinez l'âge du capitaine ?............... 87
11. À malin, malin et demi............... 93
12. Des maisons pour les Schtroumpfs........... 101
13. Piquantes histoires de fèces............... 109
14. Rouge comme une tomate ?............... 115
15. Le pays où coulent le lait mélaminé et le miel frelaté............... 123
16. Sur la piste du poivre épuisé............... 131
17. Un piment trop rouge pour être honnête. 139
18. L'invasion des bêtes à bon Dieu............... 145

| | | |
|---|---|---|
| 19. | De la bonne herbe… à pizza | 157 |
| 20. | Le safran, reine des épices | 163 |
| 21. | On s'occupe de vos oignons | 167 |
| 22. | Il est passé par ici, il repassera par là | 171 |
| 23. | Trois cents tonnes de pes-thé-cides | 181 |
| 24. | S.O.S. Vormischung ! | 189 |
| 25. | Chasse aux gaspis version industrielle | 195 |
| 26. | La lucrative technique du glazing | 201 |
| 27. | De la confiture de fraises sans fraises ! | 207 |
| 28. | Délocalisations : la loi de la jungle | 217 |
| 29. | Supermarchés, alliés de votre pouvoir d'achat ? | 223 |
| 30. | Coupables, mais pas responsables | 235 |

*Épilogue.* Petit guide de survie en magasin ...... 245
*Remerciements* .................................................. 263

**NORD COMPO**
multimédia

Composition et mise en pages
Nord Compo à Villeneuve-d'Ascq

Imprimé en France par CPI
en octobre 2019

Dépôt légal : septembre 2015
N° d'édition : L.01ELKN000562.A017
N° d'impression : 155297